게임회사
여직원

| 만든 사람들 |
기획 IT · CG기획부 | **진행** 박솔재 | **집필** 마시멜 **편집 디자인** 아이디어스토리지 | **표지 디자인** 신정은

| 책 내용 문의 |
도서 내용에 대해 궁금한 사항이 있으시면
디지털북스 홈페이지의 게시판을 통해서 해결하실 수 있습니다.
디지털북스 홈페이지 www.digitalbooks.co.kr
디지털북스 페이스북 www.facebook.com/ithinkbook
디지털북스 카페 cafe.naver.com/digitalbooks1999
디지털북스 이메일 digital@digitalbooks.co.kr
저자 홈페이지 www.mashmell.com
저자 이메일 mashmell_@naver.com

| 각종 문의 |
영업관련 hi@digitalbooks.co.kr
기획관련 digital@digitalbooks.co.kr
전화번호 (02) 447-3157~8

contents

문과생 → 공대생 → 그래픽 디자이너

라는 이상한 루트를 가진,

6년차 게임회사 여직원

현재 N사에서 이펙트 디자이너로 재직중

D&F를 만들지만 D&F를 제일 못함 💬

할머니가 되어도
오버니삭스를 신고 싶은 직장여성

지상 최대의 즐거움은

여행지에서 **사진**을 찍으며
맥주를 마시는 것

그리고,

무한대로 만화를 그릴 **웹툰녀**!

게임회사
여직원 라이프

01
A사 면접
보던 날

취미가
기타연주
시라구요?
네‥넵!
긴장긴장

그럼
기타를
가져올게요
네…
네??!!

여기요~
?!!

지금 여기서
뭐하는거지
편하게 치세요
편하게~
???

그 노래 말고
딴거 딴거

드디어
첫출근 날!!
끄아아
떨려

다녀
올게요~
아니
얘가?!!
롱후드티 →
오버니삭스 →
컨버스 →

신입사원 복장이
이게 뭐얏!!!!
아야
야얏
이노무
지지배!
철썩
철썩

이거 입고가
게임회사는
정장 안입어도
된다니까요
신입사원
마시멜
입니다…
우와
정장이다!!
헐 정장입고
출근한 사람
처음 본다!

신입사원
교육 중

팀장님!
고객센터에
급한일이...

후다닥~
무슨 일이지?
우리도
가봐요!

헐 조폭이다!!
얘넨
뭐야?

님들은 서버가
어디임?
난 카인ㅋ
힐더·염ㅋ
◆ 급 유저모드 ◆

4시에 스킬관련 회의있어요~

장소는 마계 에요~
네~
마… 마계?!

회의를 시작하지…
마계
?!!

마계
그냥 회의실 이름이구나…
전계
전계도!!

게임 회사 직원에 대한 오해

아이쿠 쏟았다
앗!

제 손수건으로 좀 닦으세요~
아...감사
뒤적 뒤적

여기요

왠지 못쓰겠어..
???

아이의 장래희망은 무엇입니까?
난이도
직업
낮음
게임회사직원
부토
내 2세도
게임개발자로 키우자!

예술 UP!
지능 UP!
난이도가 낮으니
쉽게 목표달성 하겠지?

엔딩
두ㅡ둥
저는
고급 접대부가
되었답니다
헐

하라는, 개발은
안하고!!!!
찰
싹
어쨌든
몸매는 졸귀!
역시
내 딸임ㅋ

제발
...!

10분...!
10분만!

이미
넌,
늦었다
크크크

지각
이라구!
열른
씻어!!!
5분만~
어제
게임 하다가
늦게 잤단
말이야...

지각묵시록
카시멜

스토어
a#shop
오랜만에 애플샵
아이쇼핑 할까나~
와앙 ♡
아이패드 미니
가벼워~
귀엽다 ♥
지를까 ♥
아이패드
미니는
케이블도
바뀌었구나…
얼마지 ???

케이블 따위가
26000원
전원 어댑터는
따로 팔다니 !!!
끼약
별매크

애플 악세사리는
원래 좀 비싸귀 ♥
데헷

앗,
스킬기획서
올라왔다
캐릭터
스킬
기획서

기획서
인쇄인쇄~
지잉지잉

음…잘 나왔네

탁탁
따끔!

우왁

아프다

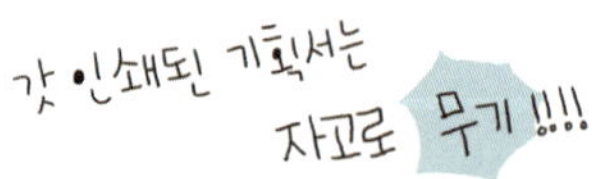
갓 인쇄된 기획서는
자고로 무기 !!!!

새 책도
무서...

하늘색 + 회색
교복을 입은 학생을 보았다

마시멜이 좋아하는 색조합들

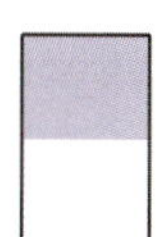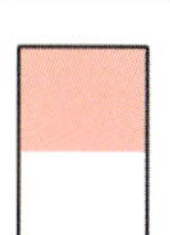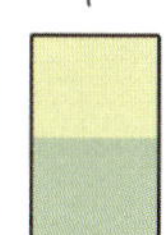

게다가 교복!!

파스텔톤 교복도
있구나~ ㅇㅁㅇ
졸졸졸
디자인도 참 좋고.
서울에 있는 학교인가?
아님
자체제작?!
졸졸졸 -
···
졸졸···
아
근데 나는 왜···
출근길에 교복을
쫓아가고 있지???
으악 출근
망해따.!!!
여러분도 이쁜하늘색 교복 죠심하긔
흠흠
교복.
그려볼까.

걍 문득 그려본, 마시멜의 교복

마시멜의 고교시절 교복

실제로 입었었던 마시멜의 교복

후텁지근한 요즘같은 날씨엔 **맥주가 필요해!**

역시 여름날의 맥주는 항상 좋아!

저는 이펙트 만들 때
프리스트를 놓고 작업해요
프리스트는 너무
비대한데…
몸이 좋아~

저는 남거너 몸이
좋던데요?

네에~?!
그 남잔 심하게
말랐잖아요!
…많이
말랐던가요?

남거너 알몸 봤어요?
그걸 봐요!
굳이 알몸을
보고싶지는…

오…주여…

끼약! 변태!

프리스트

남거너

단발머리

게임속 단발머리 여캐의
영향을 받아

머리 털을 반이나 잘라 내었다

자르고 나니…

무엇보다 최고로 좋은 건,

어려보인다는 얘기들.

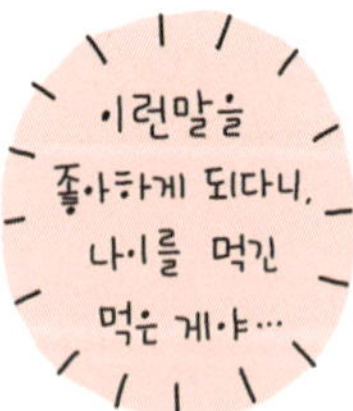

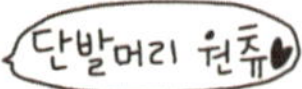

경
축
N사 입사 1주년 기념
특별한 자축을 할거에요♡
짝짝짝
올

로또명당
나눔 Lott
자동 한장이요~
1년간 수고한 나에게
로또를 선물로 ♡

그 보다 좀 더 의미있는
1주년 기념 자축을 하는게…
그러면,

로또명당
나눔 Lott
자동 365장이요
1년 이니까~
!!!!!!
그런 의미가…

거창한 자축!

1년에 한번 있는 체육대회지만-
귀찮다…

마시멜씨꺼
단체티죠~
헐 이건…

사이퍼즈의
루이스 후드
잖아~?!
전부
걸어버렷♥

마시멜의 체육대회 의욕이
78 상승하였습니다!

듣기만
해도

눈물이 주륵주륵
나던 노래가
있었는데,
너무
슬퍼어…

요즘은 그 노래를
들으면,
이런 생각을
하게 된다

이 노래의 슬픔은
얼마나 많은
유저를 울렸을까?
그래서
얼마의 수익을
산출 했을까?

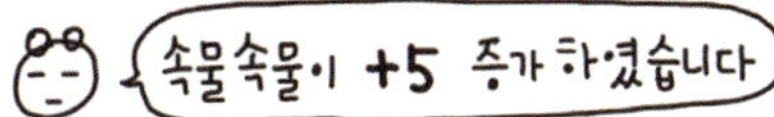
속물속물이 +5 증가 하였습니다

난생 처음 해보는 수면내시경!!

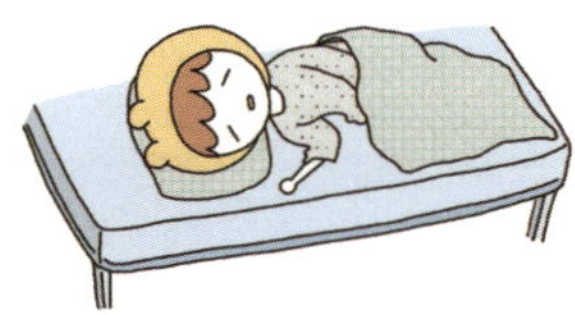

어라?! 언제 잠든거지?!

비몽 사몽
경미한
뇌염이 있네요

처방전 써드렸고,
이제 가셔도
됩니다 ~
네…

수고하세…

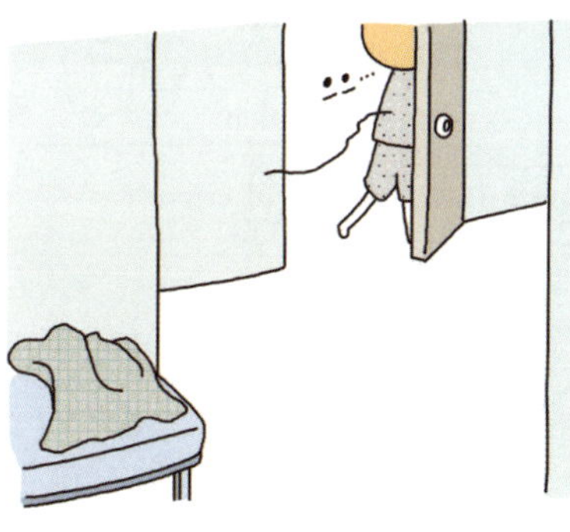

마법내시경에 완패!

건강검진 결과

건강검진
우편물 왔어요-

운동부족
위염
운동부족
지방간
운동부족
지방간
운동부족
식도염

헬스장 다닐까?

헬스권 끊어놓고는
잘 안가게 되겠지…

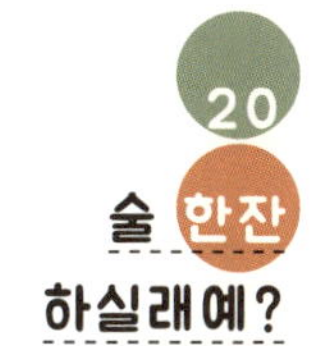

나는 술을 좋아한다

날씨가 좋으면, 좋아서 술을 마시고

비가 오면, 비가와서 술을 마시고

눈이오면 눈이와서 술을 마신다

특히 금요일 칼퇴 후의 한 잔을

퍽 좋아라 한다

돈이 없던 학생때는

막대사탕을 안주 삼아 먹기도 했다

어렸을 때 TV에서

혼자 술먹는 사람을 보면

… 라고 했었는데,

정신 차리고 보니, 어느새 내가 그 모습이었다

우리 가족도 술을 좋아라 하는데

•어머니 께서는

나를 데려다 준 친구를 붙잡아,

술을 마시자고 하시기도 한다

술에 대해 우리 오빠는 이렇게 말한다

술을 먹을 때, 내가 주로 듣는 말은

이런 말이라서,

술을 먹을 때 얼굴이 빨갛게 달아오르는

여인들이 부럽기도하다

나의 술버릇은 매번 다르다

① 꿈나라로 …

② 구라퍼레이드

③ 애교애교

④ 사과하고 도망

그런데 나는
다음날 기억을 못한다…ㅇ

요즘 같이 무더운 여름날엔

그런 의미에서,

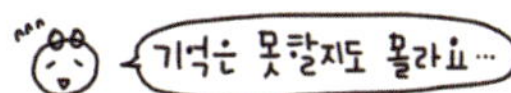

더울 땐
하의실종!
시원해서
좋아요!

비 올땐
하의실종!
바지가 젖을 일이
없어요~

게다가,
다리도 길~어
보인다니까요!

이제 이해 하셨죠?

....

얘가 뭐라는거야
너 지금 그꼴로 회사를
가겠다는거야 말겠다는거야?
니가 나이가 몇갠데… (중략)

빨랑
바지입어!!!!

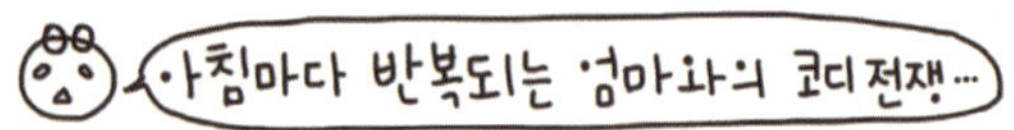
아침마다 반복되는 엄마와의 코디 전쟁…

편두통이
있네…

설마, 뇌종양?
원발성 두개 내압
고진증, 뇌에 전이성
흑색종이 우측두엽
에 과메타이오닌
혈증을…

배고파서
그런가,
속이 쓰리네…

설마, 위암?
림프성 전이로 인한
췌장, 림프절 암과
장막을 통한 파종에
의해 암종이 복막으
로 전이돼
…

병명은 건강 염려증 입니다…

23
게임회사
뒷담화

이것보세요!
게임회사 뒷담화래요!
우와

고급정보다!
저희사 복지는…
이회사…
꿀위키가 뭔데요?
헐대박

재잘재잘
뒷담뒷담
웅성웅성
내용이 점점 늘어난다!
게임업계 정보력이
+687 상승하였습니다

그러나 다음날 사이트 폐쇄…
게임업계 정보력이
-599 하락하였습니다

아쉽다…!

요즘 우리팀은 원예붐!

오늘은 퇴근길에 아빠가 좋아하는 산낙지를 사가야지

사내 밴드 공연 준비중인 마시멜

합주는 좋지만…

베이스 무게가 에러

이왕 무거울거면,
도우녀의 바이올린처럼,

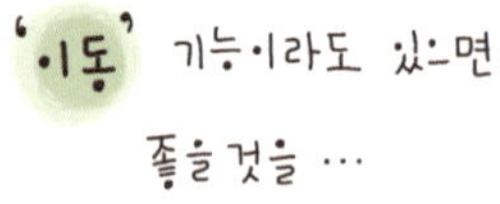

아아 … 누가,

출퇴근용 베이스

개발 안해주나요 …

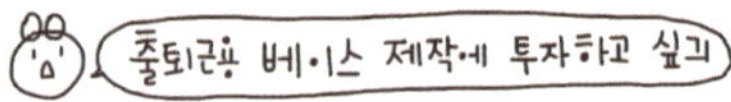

출퇴근용 베이스 제작에 투자하고 싶긔

끄응…

으힉
꿈이네…

몇 시지…
새벽
4시…

8시 까지
4시간 더 잘수 있당 !!!
헤헤헤헤

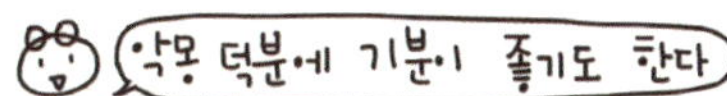
악몽 덕분에 기분이 좋기도 한다

앗 마시멜씨다!

마시멜의 마른 몸이 좋아~
힉!!
나..남대리님..
와락

꼬ㅡ옥
두…두분 뭐하시는 거에요!
신성한 회사에서 !!!

이럴때 많이 봐둬! 어디 가서 돈줘도 못봐 ~ !!!
헐

29
게임기획자
권양

나는 있잖아…
귀여운 백수랑
결혼하는게 꿈이야~
백수?!

집에서 게임을 하며
내가 오길 기다리고
다녀왔어
수고했어♥

요리는 못해도 좋으니, 대신
다정하게 과일을 깎아주는
그런,
귀여운 백수!

결혼하자!
나
귀엽지

오빠랑 나는 2살차 남매.

우린 어릴 때 부터
게임을 함께 하곤 했는데,

오빠랑 게임을 하다 보면

짱증나는게 몇 가지 있었다

<1>
잘생긴 주인공 캐릭는 오빠 몫

오빠의 사탕발림에 속아서
주인공 캐릭는 해보지 못했다

<2> RPG 할 때
레벨 노가다는 나의 몫

드래곤 퀘스트를 같이 하면

레벨 노가다는 내가 하고,

고렙 보스는 오빠가 무찔렀다.

오빠가 게임을 더 잘해서
화딱지남

같은 게임을 해도

난 먼저 죽어서

오빠만 재미있고…

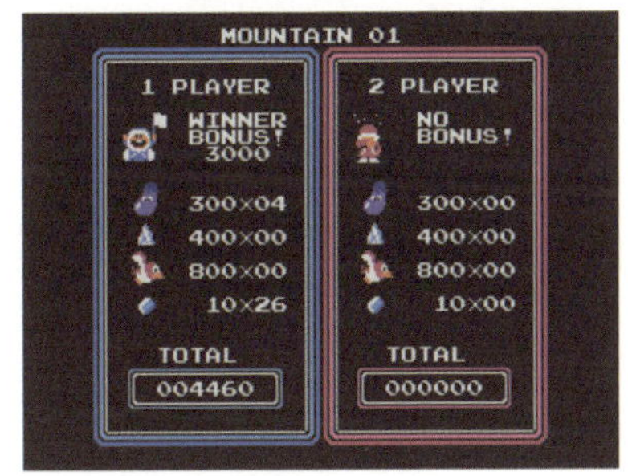

난 오빠가 죽을 때 까지
기다리느라 지루해 진다

그러다,

한 참을 기다려 오빠가 게임오버 되면

엄마가 온다 …

짱웅나!!!

짱웅나!!!

짱웅나!!

아쉽게도 실행에 옮기진 못했습니다...

✦ 마시멜의 회사 자리 大공개!

31
워크샵
준비

보름만 지나면,
GUAM
괌 워크샵 가네!

준비할게
뭐가 있지?

다이어트?!

다이어트
몸을 가려 줄
비치웨어

빠르고 간단한 해결법이 최고!

표정으로 말해요

면세점 구경하느라 밥을 못먹었더니…

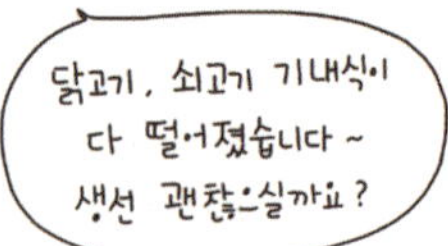

그…그럼
남은게 있는지
알아보고 오겠습니다

비즈니스 클래스
기내식만 남아있는데…
이거라도 괜찮으신지요?

네···
그거라도···

꿀꺽
비즈니스석 메뉴는
처음 먹어보네!

진상 같지만,
맛있어♥

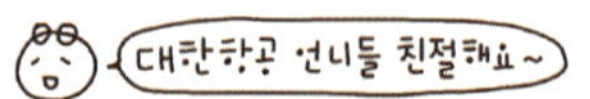

대한항공 언니들 친절해요~

구하하하
곾은 덥구나!
바다로 나가서
곾의 아름다운
절경을 보자!

마시멜의 곾 절경 상상도
분명 안구가
훈훈하겠지?!
근육·양키들이 난무하는 바다…

그러나, 실제 곾 풍경은…

모래성 쌓기
할래요-
한국인
한국인
아쿠아 슈즈
빌리자
한국인
여보!
사진기 좀 줘
속초 같다…
엄마
이것 봐!
한국인

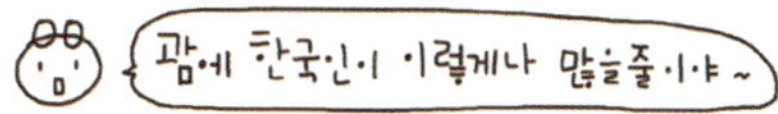
곾에 한국인이 이렇게나 많을줄이야~

스노클링

송곳달린 꽁치?!

엄마ㅏ―!
찔린다―!
도망쳐―!

헉헉
마시멜씨 ~
스노클링 재밌죠?

바다에
위험한 물고기가
있어요 !!!
소..송이!!
????

으앗
찔릴지도
몰라요 !!

어떻게 빠져 나가지?
찔릴 경우 생선이 더 난처 할걸요?

그러고 보니 그렇네…
생선이 마시멜씨를 더 무서워 할 듯ㅋ

얘네가 바로 송곳달린 꽁치!

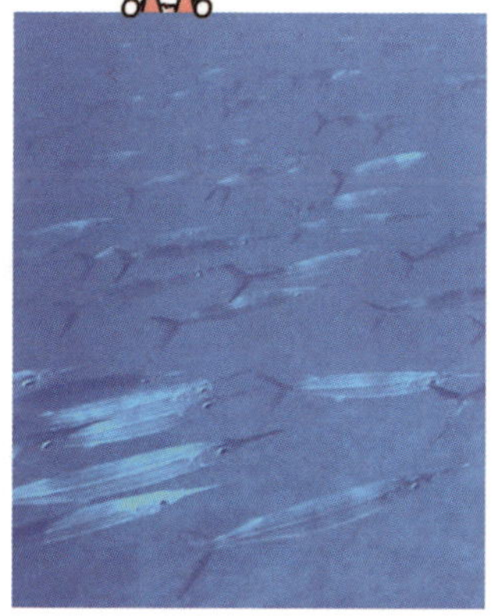

무서웠지만 또 하고싶은 스노클링!

35
신입사원
장기자랑

DJ 리믹스
Boom
Boom
시 쿤 둥ㅡ
우쿨렐레 공연
알 로 하
우 덩 덤ㅡ
차력쇼
썰 렁ㅡ
Girls bring the boys out
우 와 아 아 아
군대 위문공연
분위기…

남대리님의
코코넛오일

회사
에어컨때문에
피부가 건조해요
그럴땐..
글적
글적

어제 야근하면서
야식을 먹었더니
속이 쓰려서
밥을 못먹겠어요…
그럴땐!!

결혼식이 얼마
안남아서
다이어트 좀
해야겠어요…
그럴땐!!!

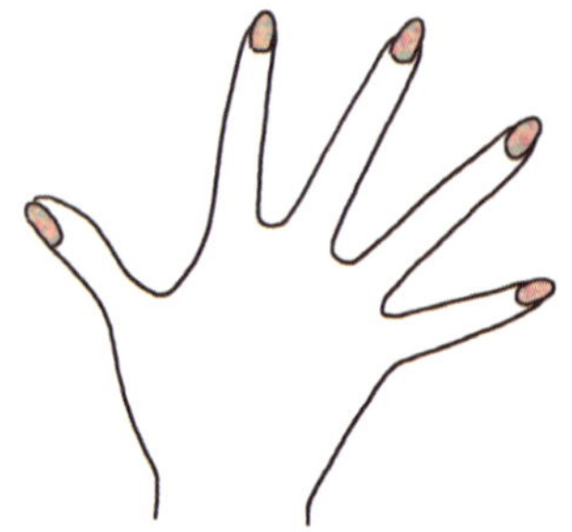

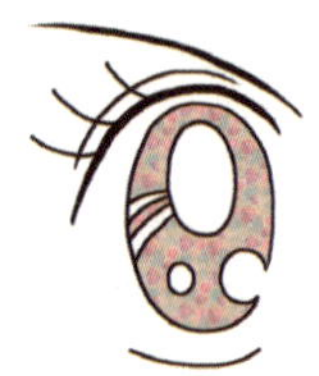

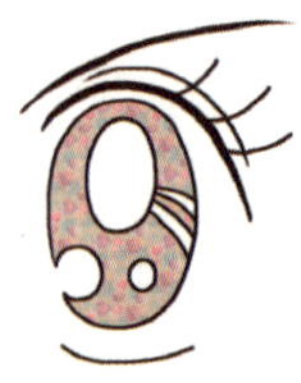

그것은 바로—

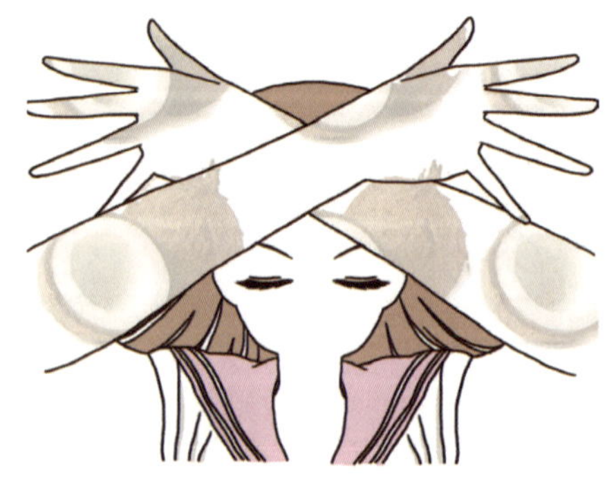

코코넛 오일♡

코코넛의 효능을 알려줄게요!

코코넛은 -

피부 상처 살균/치료, 사마귀,
건선, 습진, 비듬, 무좀, 아토피,
소화계 질환, 관절염,
통역, 독감, 호르몬 균형,
갑상선 기능 증진, 당뇨,
골다공증, 각종 알러지,
다이어트, 암 예방, 심장병
노화방지, 항산화

…등에 아주 좋다구요!

그렇담,
만병통치약…?
일단 잡솨봐!
일단 잡솨봐!

기름인데…
살이 빠질수 있나요?
일단 잡솨봐!
일단 잡솨봐!

감사합니다~
자자~
내 것 나눠줄게
먹어봐!
먹어봐!

우쫘
자자~
요리에
넣어도 좋대~

이게
코코넛 오일이래
남대리님이
주셨어
향이 좋은데?

세상 모든이가

널리
코코넛을
이롭게 하라

건강해질 것 같은
기분이 들어♥

근데 우리집에
가져갈꺼?
바깥분 →
아…

고로, 우리팀은 코코넛오일이 대세!

대규모 업데이트

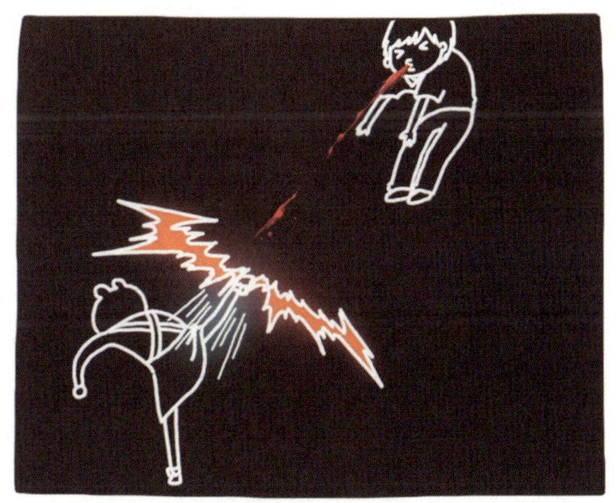

<오늘의 교훈>
도시락 뚜껑을 열 땐
조심하자!

다음날 도시락

또 뚜껑이 안열리네...
또!?
꼬르르륵

요번엔 꼭 조심히 열어드릴게요...
흠...믿어보죠

살살~
빠직
!!!

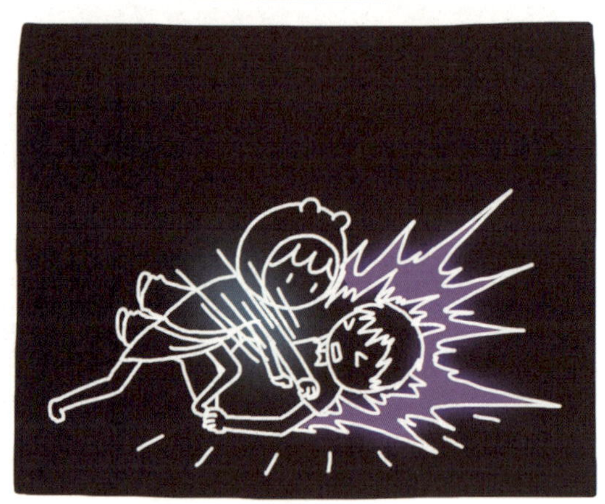
〈오늘의 교훈〉
도시락 뚜껑을 열 땐
적당히 조심하자!

온수로 샤워한 후에는

선풍기 바람을 맞으며
파인애플 맛 푸딩 냠냠

장마비가 낙하하는 날에는

엄마가 끓여주는
바지락 칼국수 냠냠

꽁꽁 얼어붙는 겨울날에는,

전기장판에 누워서
만화보며 귤을 냠냠

이펙트 작업 하나
끝내고 난 후에는,

옥상에서 구름보며
녹차라떼 냠냠

대수롭지 않은
냠냠한 즐거움 ♡

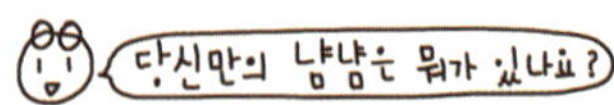

40
위시리스트

바쁜 아침에
머리 말려주는
기계가 있었으면…

동시에
다리 마사지도
된다면…
좋다아

동시에
게임 렙업도……
70레벨이
되었습니다
오예~

… 차라리 도라에몽 소환이
나으려나ㅇ
펑!

데헷
능력남…

만화가 강풀의 사내 특강

질문 받을게요
질문하고 싶다!!!!

하지만 난 강연같은 데서 단 한번도 질문을 해 본적이 없어...
소심
소심
소심

역시 용기가 안나!!
근데 강풀 저사람...
소심
소심

왠지 푸근해!!
특히 저 뱃살!!
아빠 배!!
아빠처럼 마음이 평온해진다...

질문이요
네

좋아하는
웹툰이
있으신가요?

미생이랑
신과함께요~
오오 ~~~
역시 미생
신과함께
재밌어

웹툰 작업할때
가로는 몇 픽셀로
설정하시나요?

헐 ㅋㅋㅋ
하하하
크크크크
심
각
이런 전문적인 질문은
처음이네요
200dpi로 그려요

나도
200dpi로
그려야짓

〈다큐 시청중〉
뇌에는 보상뇌가 있어서
동기부여에 관여합니다
즉, 보상이 있으면
동기를 높이게 됩니다
오… 보상이
중요하구나
〈그 이후〉
음료수 뚜껑 좀
열어줘, 오빠
보상은?
게임 그래픽
관련된 서적
찾을게 있으니까
잠깐 비켜봐
보상은?

야 야,
이것봐ー

으악
환공포증
치워!

보상은?

어~
어!!!?

휴지좀!
휴지좀!

헐!!!
새것인데

보상은?

보상은…

나한테
맞지 않는게
보상이다

이 책을 구입한 당신에겐
마시멜의 애정을 보상으로…

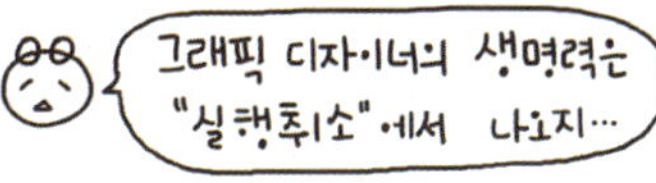

* O.L - OFFICE LADY (직장여성)

맛있겠다~
짜장 원츄♥

그런데, 이 맛있는
"춘장"은 대체
뭘로 만드는 걸까요
그러고보니…
어쩜 이리 새카말지?

검은색의
"춘"이라는
식물이 있는거
모르세요?
춘으로 담궈서 춘장임 ㅇㅇ

그래서 춘장이구나
어머
몰랐어요!
뻥인데

사실 춘장의 원료는
밀가루+소금+콩+캐러멜
이래요~

게임학기초의
첫 과제는,

대항해시대 온라인
Lv20 까지 키워오기다!

게임하는게 과제 라니…
멋져…
열심히
할거야!

그러나 게임플레이 과제는
그것이 처음이자 마지막이었다
플밍과제
포인터
·연결리스트
:
기획과제
게임분석PT
·떡기획
:
NoteBook

졸업해서
다행이야…

47
게임공학과
여대생

우리 공강이니까
게임실습실 가서
쌸온라인 하자!
오!
좋아!

난 온라인게임
한 번도 안해봤는데…
헐
꺼엄
무슨게임
하는데?

드래곤퀘스트
위닝
괴톤
나루토…
플스있나보네

그럼 이참에
한번 해봐~
그래~
내가 쩔 해줄게
그래!

· · ·

무게 득템!!
오오
재밌당
퀘 하려
갈사람~

앗 수업시간
다돼봤다!!
벌써?

얼른가자!
늦겠어!
마시멜,
빨리 컴 꺼~
자…잠깐

모...
못찾겠어!
??
??
안절
꿀꺽
부절

세이브
버튼!!!

얘들아 빨리
세이브 하는 방법좀
알려줘~~
흐흑
ㅋㅋㅋ
흐흑
ㅋㅋㅋ
꿀꺽

②
갈아타는곳
북적
북적

응…?
누가, 내
엉덩이를
만졌는데..?

짜릿
움찔

내 앞길을 막으니
좀 비키라고
밀친것 뿐이여!
버럭
버럭
뭐지..이 적반하장

근데 어깨도 아니고
왜 엉덩이를…
말하는 꼴이
참으로 버르장머리가
없구만!!!

귀요미
시뮬레이션

퇴근 길에 리락쿠마샵에 갈까요?
예
아니오

종 귀찮긴
하지만~!!
춘춘
춘춘
"어서와 마시멜! 날 만져볼래?"
참는다 …
만진다!

뿌라
뿌라
"더 만지고 싶으면 날 데려가. 응?"
데려간다
포기한다

38000원
입니다~

아…
이 귀여운
사치!

하루의 노곤함을 업고
집으로 돌아왔을 때,

양말도 벗겨주고

빨래도 해주고

안마도 해주고

오늘 하루 수고했다며
나를 보듬어 줄

한 마리
있었으면 좋겠어라...

왜, 매년
여자 치어리더만 오죠?
여직원을 위한 男치어리더는
없나?
오~
그러게요

드림
걸-
매일밤 이렇게 널 응원해♬
맞아!!!
샤이니 같은
치어리더!!!
꺄♥

저는저는
류승룡치어리더
꺄♥
응원의 올가미,
응원의 덫,
응원의 감옥!!

그건 좀.
잉 돼요!!

52
대세는
상남자

마시멜 씨!!
류승룡 좋아한다
면서요?!
앗!! 네~

꺄♡
저두요!
꺄
꺄
천만배우
류승룡♡
꺄아
꺄아
꺄
꺄아
광 해!!
내 아내의 모든것
7번방!!
더티섹시가
좋아~

역시, 대세는 상남자!!
맞아요~
그리고
또 다른
상남자를
꼽자면…

단연, 던파의
프리스트 죠!!
터프한
교회오빠
그…그런가
특히
어벤져
섹시돋긔
꺄~

백화점 VIP가 되려면,
연간구매액이 3500만원 이상이어야 된대
허익
우왕
연봉수준!!

그런데 VIP인 사람들은, 그것을
유지하려고 굳이 필요없는 물건을
산다고 하더라~
굉장하네
헐
VIP가
뭐길래…

아…!!!
VIP라는건, 즉-

마시멜의 노예♥
동작 좀 보자!
던파의 "칭호"
같은 거구나?!
누가
던파개발자
아니랄까봐…

마시멜 한테서
개발개발 냄새나.

뭐!!!

54
역시
여자는…

여귀검 이펙트 작업을 할 때

늘 알몸바디로만 작업하다가
민두
민두
헐
비구니?

이후에 머리와 옷을 입힌
여귀검을 보자,
간지
간지
헐
여귀검느님

역시 여자는, 머리빨과 옷빨이
중요하다는걸 알게되었다.
끄덕끄덕
그거슨 진리

마음을 담아…
마시멜 드림.
유저에게
보내는 편지에
손그림도
그려넣었다
헤헷~ 좋아해주겠지?

앗 마시멜씨도
편지에
그림그렸네요!
네~

저도
그림그렸어요~

그냥 스케치로
대충ㅋ
재수없어
이게 대충이라니!

식사 후에도

빠지지 않는 대중의 음료

커피

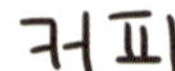

그래서 그런지…

주변엔 온통 커피숍이 즐비하다

하지만 커피맛을 잘 모르는 나에게

커피는 그저 '쓴 물'이고

커피숍은 그저 '어른용 놀이터'일 뿐.

그래도 놀이터에서 열심히 놀다보면

언젠가는 커피맛을
알게되지 않을까?

지각은 앙대

타지마
타지마
10:04
승
1분 뒤면 지각인데!

별수 없군...
이놈이놈 스킬 발동!!

으아아아—
——이놈아 저씨다
이놈드으을...

죄송합니...
다...

밖에 춥지?
다녀왔습니다~
이리와
몸좀 녹여~

휴~
따뜻해

1분뒤
근데..
어디서 탄내가…

아뜨거

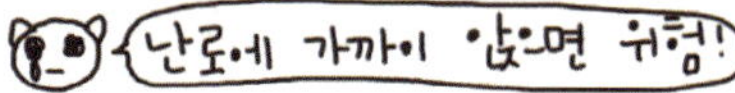
난로에 가까이 앉으면 위험!

아까다…

59
월요좀비
마시멜

으어어 어어어어…

으어어어어…

으으어어…

내일이 화요일이라니!!!
흐으어어어…

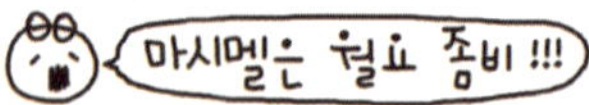

마시멜은 월요 좀비!!!

전직 프로게이머!
결투를 신청한다!
뎀뵤!
바쁜데…

탁타닥
탁탁탓

헐
ㅋㅋㅋ

한 대도
못때리다니!
피식

좀 봐주지…
치사한 프로게이머

개발자들의 이상한 음식 취향

그게 더
이상한데…
엄청 맛있어요
마요식빵♥
강추강추
그건 좀…
느글느글

마시멜씨는 스프에
밥 말아 먹으면서!!
!!!!
헐! 진짜
말아먹어요?
그럴
리가…
원래 스프는
말아먹으라고
있는건데…

순대는
진짜 아닌듯요
스프밥도
그닥…
마요네즈
살쩌요

규나…마요나…스프나…비슷한듯도!

슈퍼 마시멜
월드

MASHMELL
000000 ×00
WORLD
1-1
TIME

mashmell
world

1 PLAYER GAME
2 PLAYER GAME

허어!!

요상한
꾸ㅁ...

...zzZ

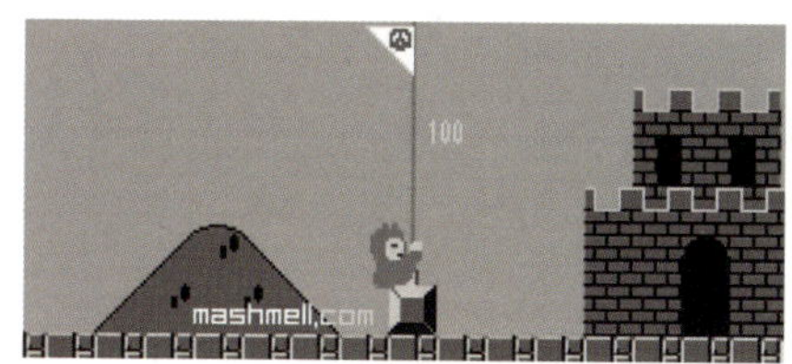

100
mashmell.com

2013
연말 행사

우리 회사는 연말마다, 신입사원
장기자랑을 하는데
이건뭐지?
??

테이블 마다 웬 기계인가 했더니
장기자랑 점수 입력기가‥!!!
5

평가
제대로네~
우왕~!
우리회사 쩐다‥
최첨단
연말행사!

이러다 내년엔
문자투표 할 기세‥
ㅋㅋㅋ
ㅋㅋㅋ
2013 연말행사
#3기로
팀이름을
문자로 전송해
주세요!

여하튼
2013년 수고했고
내년에도 게임 잘 되길!
짠～!

마시멜이

만화를 그리려면

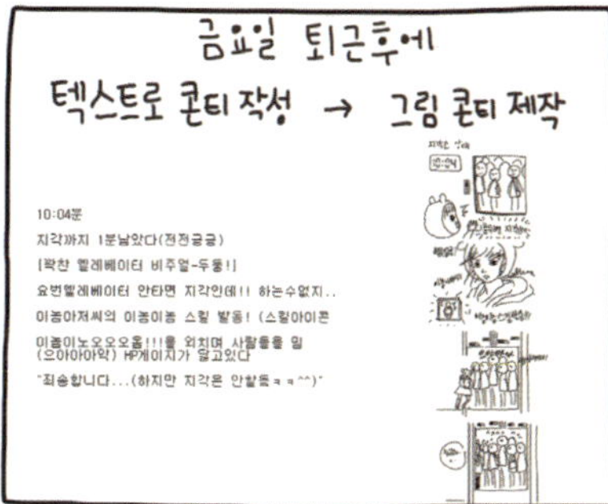

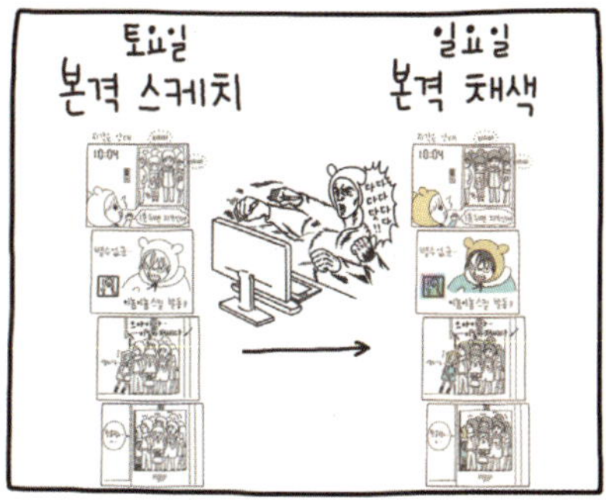

그래도 댓글과 추천으로 몸보신 합니다~

바로 드래곤퀘스트 3
(이하 드퀘)

내가 드퀘를 시작하게 된건

오빠가 혼자 드퀘를 실컷 하다가

렙업이 지겹자
나에게 넘기면서 부터 였다

그런데
생각보다 몬스터가 귀여워서
흥미가 생겼고,

렙업 후 새 스킬 터득에도
재미를 느끼게 되었다

특히나 가장 흥미로웠던 것은
컨텐츠가 가득한 마을과

대답하는 NPC.

이전에 했던 게임들에서는 없던-

'소통'이 무척 신기했던 것이다

그렇게 본격 나만의 드퀘를 시작!

초반에 주점에서 동료를 모으는
시스템부터 새롭고 재미졌다

그리고 주사위 게임장 이라던가

숨겨진 메달, 무기 등…

여러 재미가 공존하는
드퀘의 매력에 현혹되었고

어느새 오빠의 레벨을
앞지르기에 이르렀다

그리고 마침내,

게임을 클리어―

뿌듯함과 아쉬움이
교차하는 마음으로 엔딩을 보았다

그러나
이후에도 드퀘에 대한
열정은 식을 줄 몰랐다

타이의 대모험, 로토의 문장, 아벨탐험대
…등등 드퀘시리즈 만화에 빠졌고

훗날 게임공학과에 진학하여

드퀘 냄새 풀풀 나는

학과 티셔츠를 디자인 하기도 했으며

동경게임쇼에서 슬라임 인형을

건지는 쾌거를 이루기도 했다

그리고   2009년 부터는

드퀘에 대한 열정을

게임 개발로 승화 시키고 있다

나의 영원한 판타지 로서

내 삶에 크게 자리한
드퀘 처럼

내가 만드는 게임도, 누군가의

오래오래 기억되는

생애 첫 RPG가 되길 기대하며

개발에 전념하고 있다

그
런
데
⋮

"게임의 과도한 규제, 문화콘텐츠 산업에 악영향"
한목소리 [위기의 게임산업] 게임중독법 철폐 자율 규제만이 해결책
'셧다운제'에서 '게임중독법'까지… 게임산업 해법은 어디에?
게임이 학교폭력 원인!? 비난 목소리 '봇물'
게임규제 강화 추진… 업계 '패닉'
게임업계 '쿨링오프' 악몽 재현되나
게임, 만화처럼 몰락할까 우려… '게임중독법 반대 운동' 문화계 확산
게임 쿨링오프제 소식에 네티즌들 "청소년 스트레스 해방 공간은?"
'게임 중독법', 대한민국 게임산업에 내려지는 사망선고

말도안돼

한국 게임산업의 미래가
밝아지길 기원하는
마시멜 이었습니다

게임 이펙트 노하우

요즘 이펙트 포트폴리오 준비중인데
타격감 살리는게 너무 어려워요
아아~

타격감 살리는
노하우 없나요,
선배?
노하우?
음…

이펙트 만들 때
입으로 소리를 내며
만드는 거야~
소리?

파앗
퍽
콰직

자, 너도
따라해 봐~
음…

나도 미래에 마시멜 누나 같은 게임개발자가 되고싶어!
오~

그러면 일단, 공부도 열심히 해두는게 좋아~

에이…
???

그럼 안할래

게임만 잘 하면 되는게 아니었네

68
게임 개발자의
원동력

야근하니 피곤해 죽겠다 내일 출근하기 싫어…쉬고싶네
야야, 오늘 D&F 신캐릭 해봤냐?
쥰니 재밌어 !!! 이따 접속하면 같이 던전 돌자!

내일도 힘내서 출근이닷!
화팅!

ㄹㅋㅋ

요번에 제 딸내미 돌잔치 합니다~
우왕
축하드려요~

그럼 돌잡이에... 조이스틱, 마우스
같은건 안놓으세요?
아빠가 개발자니까~
흠...

그런것 보단
그냥 평범하게...

판사봉을
잡아야 한다고
생각해요
개발자는
반댈세

나중에
내 아이는
타블렛펜을
잡았으면~

연아야 잡아라~
라고 외쳐
주세요!

연아야   잡아라~

???
…?
…ㄹ

여…연아가 좀 피곤했나 보네요!
쿨~ㄹㄹㄹ
연아야 일어나~
흔들 흔들

어쨌든 판사봉 성공

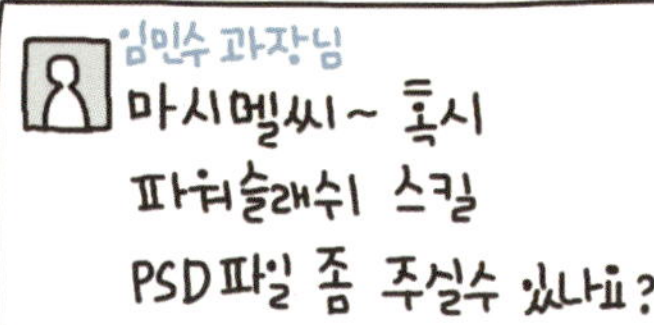

파워슬래쉬_a.PSD
파워슬래쉬_b.PSD
파워슬래쉬_완성.PSD
파워슬래쉬_완성수정.PSD
파워슬래쉬_완성수정_1.PSD
파워슬래쉬_완성수정_2.PSD
파워슬래쉬_최종.PSD
파워슬래쉬_재작업_러프.PSD
파워슬래쉬_재작업_완성.PSD
파워슬래쉬_또다시.PSD
...

남편이
프로그래머

그러고보니 네 남편
프로그래머지?
응!

플머들 일하는거 보면
걱정 많이 되겠다…
아아-

그래서 나는
사망시 위로금이
지급되는 생명보험
을 들어놨지!

스트레스성 3대
질병 보험도 필수야!
그…그럴구나

헉
덥다..
더워

사장님!
더워서 일을
못하겠어요!
능률저하에요!
맞아요
너무 더워요~

음…알겠어요
내일 바로
시정하도록
하지요
만세~
우와~
드디어
에어컨이…!

근데, 에어컨이 아니라
얼음팩 조끼를
입으래!
짱나!
저런…

우겁긴 하지만
시원하다고…

74
세 달째
월급이 밀린 B사

통장 잔고 확인
하아…

저… 사장님,
제가 곧 결혼도
해야하는데…
월급은 언제쯤
나올까요?

지분 줄게,
지분!!
두근
두근
월급은
힘들고
사장 ㅇㅇㅇ
지…지분!!!

그랬는데…결국 회사
부도났어~
젠장
헐

더 좋은 곳으로
이직하면 되죠
화팅!

2014년
목표는

"칼퇴"해서
자기계발에
힘쏟는 한해를
만들어야...
칼퇴

대규모
업데이트 일정
나왔어요~
찰싹
찰싹

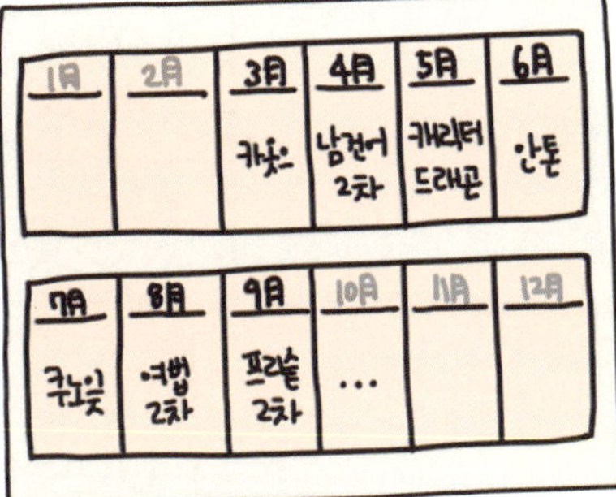

1月　2月　3月　4月　5月　6月
카풋으　남견어　캐리터　안톤
　　　2차　드래곤
7月　8月　9月　10月　11月　12月
쿠노잇　역벙　프리슬　...
　　　2차　2차

아 맞다
칼퇴는
상상속
단어였지

화팅!
???

동생아, 니가 게임 개발자가 될 수 있었던 건

너에게 레벨 노가다를 시켰던 이 오라버니 덕분 아니겠냐?

그러니까 넥슨캐쉬 좀 바쳐라
피파 하게

피파 그만하고 장가나 가라 이자식아
쥬

어머, 12층 아주머니!
아이고 303호, 오랜만이네~

애가 저희 딸내미에요
안녕하세요
워메~

게임회사 다닌다는 그 딸이구먼?
네네-

메이플인가 뭐시긴가... 만든대요
그렇구먼-

메이플이 아니라 던파에요!
같은거 아니었어?

78
격변하는
시대

2000년
헐 대박!

2006년
헐 대박!

2010년
헐 대박!

현재
헐 대박...

지인들에게 물어본거라
정확한 통계는 아닙니다.

게임개발팀엔 3종의 언어가 있습니다

그래픽디자이너의 언어는 그림

기획자의 언어는 기획서
선규던전 기획
· 고블린 던전
  ↳ 고블린이 딸딸
  ↳ 고블린 합체

프로그래머의 언어는 외계어
C. C++. OBJ-C
C#. JAVA…
#import <Foundation
@interface CustomObject :NSO
-(id) initWithValue :(NSString *)va
-(void) printRetainCount ;
@property (nonatomic , strong) NSSt
@end
@implementation Custom
-(id) initWithValue

게다가
프로그램 언어는
날이 갈수록
다양해 집니다…

마시멜씨, 그거 아세요?
미국 게임회사는
초봉이 6천만원이래요!
히익~

게다가 사생활을 존중하기
때문에, 회식 참석도 자율이고
야근도 거의 없대요…!
우왕…

그렇다면
미국 게임회사로
당장 가야겠※!!

…지만
영어가 안되겠지
ㅇㅇ

마시멜씨다!

마시멜씨는
스타일이 참
여성스럽구나!

하이요~ 마시멜씨!
앗~
안녕
하세요
무슨음악
들어요?

고전 게임
OST요!
드퀘
성검
크로노
짱
졸타능
아...

83
혼수
걱정
저 올 가을에
결혼해요~
요~ 축하축하!

그럼 결혼준비 하느라
바쁘겠네요~
네~

특히 혼수를
준비하는데에
고민이 많아요…

플스를 해야할지
엑박을 해야할지…
고추~!
엑박
추천!
난
플스!

아님 둘다?!
올…

개발자의
옷

저 어제
옷 샀어요!
올~
이쁘다

근데 요즘 옷
너무 비싸요~
X만원이라니…
헐
브랜드
값이죠~

제 옷은…

제 게임캐릭이
입은 아바타 보다도
훨씬 싼데…
하하

Lv 68
!!!

하아아아압~

게임회사 여직원의
백수시절

따ー단!
오~!

나도 커비처럼…
연봉 1억의
대기업 수석
디자이너

따ー단!
이제 나도
연봉 1억♥
돌다…

신입생과 졸업생의 차이

신입생
게임학기초
게임학기초 첫 수업을 시작하기 앞서…

훗날 게임개발자가 되면 꼭 역사 시뮬을 만들거야!
당시 삼국지 폐인

졸업생
N게임즈
마시멜님 불합격
또 떨어졌네…
에휴~

시키는대로 만들테니 받아만주세요!!
GAME
징징
으헝헝엉엉

토닥토닥~
현실은 다 그런거야…
졸업반 마시멜
사회인 마시멜

앗~!
새로운 게임이
나왔네~
플레이~
플레이~
고양이 로봇대전
Online

·이게임, 불이펙트
리소스가 참
괜찮네~
에팩으로
뽑은건가?
다른툴같기도…

·연기 이펙트는
좀 ·어색하군!
Opacity를
줄일필요가…
그리고 사라질땐
좀더 천천히…

타격·이펙트의
타격감이
·아쉬워!
·이건 딜레이를
조절하고 프레임
몇개를 빼는게…

게임에
집중이 안돼…

게임 업계인들의 필수 질병인
허리 디스크!

그리고
목디스크!

자~ 모니터 앞에서
따라해 봅시다!
...

열심히 일한 당신, 건강하라!

?

•아가씨가 그림을
귀엽게 잘그리는 구만!
직업이 뭐요?
앗…

게임회사 다녀요~
헤헤
오오…

PULL THE LEVER!
빠칭코
회사로구만~?!
그건
아닌데
…
바다이야기?
고래사냥?

•아~ 그럼
카지노 다녀?

90
두 번째로 다녔던
T회사

퇴사한분이 쓰던 컴인데
포맷안하고 걍 써도
될거예요

작업물들은
내문서에
있구요~
아..

캐릭터 작업물
몬스터 작성물
어라?
"ㅋㅋㅋ" 폴더는
뭐지?
ㅋㅋㅋ
클릭~

헐
으헉

이자식 ...
이런건
지웠어야지!
ㅋㅋㅋ

91
게임 개발자들의
대화

야꼬치 집
맛있겠다~

야꼬치는 맛있는데 쿨타임이 좀 기네요…
그래도 맥주랑 연계스킬로 좋은 것 같아요

에구 고기가 !!!
빠졌다!

페르시아 왕자가 됐네…
ㅋㅋㅋ
ㅋㅋ
적절한 비유인듯 ㅋㅋ

마스터,
또 월요일이
왔습니다

포스가 함께 하길..
난 출근
안하지롱...

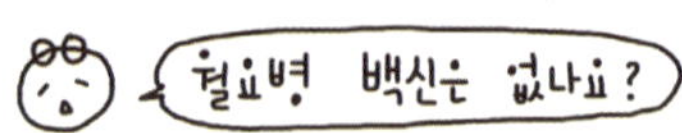
월요병 백신은 없나요?

요즘 우리 민수가
게임을 너무 좋아해서
걱정이에요…
저런
저런

맨날 PC방만
간다니까요-
....
큰일이네요

게임을 좋아하는게
왜 나쁜것 일까?

그렇다면 내가 게임을 했던 이유는
단순히 **재미** 때문 일까?

예를 들면

인간이라면 한번쯤 상상해 볼법한

마법을 쓰거나

모험을 하거나

로봇을 조종하거나

몬스터를 기르거나

도시를 경영하는 등의

비현실적인 이상향을
실현해 줌으로써

게임은

영화나 만화를 볼때와 비슷한

<u>희열감</u>을 선사해 주기도 하고

소셜게임의 아이템을 주고받거나

디아블로 길드원에게 쩔을 해주고

롤의 파티원에게 도움을 받으면서

마시멜 : 헐 님,좀 하시네여
꼬르륵 : ㅋㅋㅋ ㄱㅅ 님도 굳잡ㅋ
마시멜 : 내일 또 하자뉴
꼬르륵 : 좋듬ㅛ ㅋㅋㅋㅇㅇ

그리고 게임은 이 뿐만 아니라,

오로지 경쟁만을 강요하는
학교와는 다르게

학생들은 게임을 함께하며

친구로서의 유대를
쌓을수 있기도 하다

그리고 공부의 경우

개인 성취도와는 무관하게
등수로만 평가되는 경우가 많다

하지만 게임에서는
레벨 1의 쪼렙 용자일지라도

어렵지 않은 도전과제와

성공시의 보상이 늘 존재하기 때문에

항시 **성취감**을 느낄 수 있다

이와 마찬가지로,

누구나 성공을 바라지만

현실의 벽은 높기 마련인데

게임에서는
모두가 만렙이 될 수 있다

연봉동결님이 만렙을 달성하였습니다

이렇듯 우리는 현실에서는 어려운

170

<u>**성취감**</u>에 대한 욕구도
게임으로 충족 할수 있는것이다

요컨대,
이처럼 우리는 게임을 통해

 희열감

 유대감

 성취감

등의 욕구를 충족한다고 볼수있다

갖가지 스트레스에서

벗어나기 힘든 현대인들이

잠시나마 현실을 잊고
행복을 맛볼수 있는 휴식처.

딩동댕동 ♪
中
민수!
집에 바로
가냐?
난
PC방

너 그러다 엄마한테 또 걸리면 어쩔?
나도 숨은 쉬고 살아야지
같이갈래?

이 형님이 버프좀 걸어주마
꺼져 ㅋㅋㅋ

게임회사 여직원의 인벤토리

게임회사
남직원 이야기

01
게임회사
미인담화

이것보세요!
게임회사 뒷담화래요!
우와~
별별 얘기가
다 있네요

니네 회사
미인 많다며?
소개좀 ㅋ 제발
빨리ㅠ
까똑!

미인 천국
소개좀 연결해봐
미인 소개좀
로토님의 말:
미인 소개팅 해줘
......
소개
부럽다
미인 회사 소개
니네회사
소개팅
미인 많냐
미인 부럽..

나도
소개받고
싶다고요!

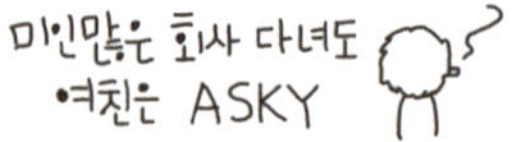
미인많은 회사 다녀도
여친은 ASKY

물을 많이 마셔야
요로에 좋대요

오늘 입사한
김개발 입니다
잘 부탁
드립니다~
짝짝
짝짝
짝짝

김개발씨
오늘 퇴사
하는거 어때요?
예…에?!

???
???
그래요!
같이
퇴사해요
퇴사하고
가셔야죠
(멘붕)
입사한날
바로퇴사?!!!

알고 보니…
퇴근시간
탁탁
클릭
클릭
'퇴근후 사이퍼즈'의 줄임말 이었다.

그럼 저도
퇴사 할래요…

김개발씨도 연말에 장기자랑 하겠네요
음
아…네

대세는 여장
맞아요~ 여장하면 상타기도 쉬워요
남자라면 여장이지
여장?!

연말행사
난 이제 더 이상 소녀가 아니에요 ♬
그대 더 이상 망설이지 말아요 ♪

너무 잘어울려
크크 크
개발씨 여장 대박!!
크크크
하하
찰칵
왠지 괜히한것 같다…

05
부산 출신
김개발

경상도 에서는 진짜,
2^e과 e^2을 다르게 읽나요?

2^e는,
이에이승
e^2는,
이에이승
헐! 대박

또또또~
다른거 또 없어요?
사투리 억양
신기해~
음…

햐~
임마 이거
햐~
임마 이거
그건 억양이 아니라
표정의 차이 아닌가요…

사투리의 갑은 역시
오빠야~
인듯!

프라모델 샵에서, 프로그래머 김개발

07
김개발의
불쌍한 금요일

친구놈들은 다 데이트 있고…
미안 오늘 백일임
챗
넌, 여친 안만드냐?

지난주 소개팅한 그녀는 카톡도 없고…
금요일 퇴근후에 뭐해요?
시간 되면 영화 볼래요?
에휴휴~~

그녀닷!
까똑
두근 두근

시간되면
최그녀
[윈드러너:전화의시작]
'김개발'님 오늘도 하루종일
신발신고 달리 안가~
달리 안가~
Let's Go!
앱으로 연결
불금엔 고득점이다!!
휘망!!

이번 점검엔 네놈을
순순히 보내주지 않겠다!
버그②
버그①
버그③
젯-또
버그인가.

버그퇴치
버그
개쳐
버그
해결

20시간동안 버그쳐치 했더니
몹시 지치는군.
휴게실로 쉬러 가자!

휴게실
20분 뒤···
드르렁····
김개발씨
또 버그가···

앞으로도
열혈개발이다!

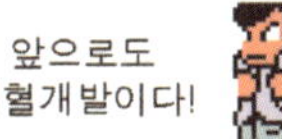

남고, 공대, 군대, 게임회사 다닌 남자인간

요즘 "죽음에 관하여" 라는 웹툰 재밌어요!

주름에 관하여?
오-
재밌겠다
그딴건
없어

참참,
마조 앤 새디도
추천!
"뽕"
본격 결혼 권장만화!

마족 앤 새디?!
난 판타지는 별론데
본격 마족판타지!
귀좀파

근데
주름에 관한
웹툰 그려봐
대박날듯!

각별한 캐릭터

일본인들은 별별 소재로
(19)망가를 만들지만
절대 손대지 않는
캐릭터가 있대요

그건 바로… 여신 베르단디!

만화속 캐릭터를
각별하게 생각한다는게
왠지 멋지지 않아요?
근데…

있던데…
망가…
뭘

12
와장창

베르단디는
진정 나의 여신이었지...

하지만 망가를 보는 순간-
그 환상이 와장창...
저런저런
19

그러고보니 저도,
드래곤퀘스트 공략집
찾다가
드퀘망가를
봤는데..

드퀘에 대한
모험심이 와장창...
19
저런저런
슬라임따웅이
그럴리 없어!

드퀘망가는
대체
무슨내용일까

슬라임이..

같은 게임회사에
맘에드는 여자가 생겨서
작업을 걸었는데-

ㅎㅎㅎ
알고보니
돌된 애기가 있는
유부녀 였어…
일부러 말을
안하다니
헐
젠장

완전 황당하고
화났겠다 !!!
그래서
뭐라그랬어요?

이뻐서
화를 못냈어…
나란
놈이란…

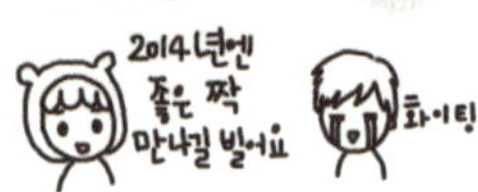
2014년엔
좋은 짝
만나길 빌어요
화이팅

192

2005년
게임 워크에
이력서 등록 완료!
GAME WORK
구직희망
언제쯤
연락이
오려나…

앗
전화다-!
지이이잉!

여보세요!
김개발씨
맞으시죠-?
Null 게임즈 입니다
내일 면접
가능하신가요?
네…넵!

그럼
내일 오후 2시에
강남역 부근의
○○ 모텔
303호로 오시겠어요?
…네????

○○ MOTEL
저…정말
여기서
면접…?!

303
똑똑-

자자,
어서와요-
3
철컹
가운차림…

쏴아아아아
앉으세요
네-
그런데
웬 물소리가…

쏴아아아아아
누가
샤워하고
있잖아?!!
음…
어디보자…

대체
누가 샤워를
하고 있는걸까?
연봉은 …

문제가 없을것 같고

그리고
이력사항이 …
달칵
나왔다!

아~
시원하다
남자
잖아!!

사실 요즘 급한 출장 때문에 제대로 씻지를 못해서요…
둘 둘
하하
아…네…

그리고 우리회사에서 서비스중인 게임은 받아이야기 에요-
좀 유명한 게임이죠
사행성 게임이요?!

앞으로는 사행성 게임이 대세지!
매출이 어마어마 하다구!

저는 사행성 게임을 개발할 생각은 없어서요…
죄송합니다
어린친구가 뭘 모르는구만
연봉 잘쳐줄 텐데…

1년 뒤,

03

첫 회사 이야기

졸업 후, 3개월 동안
햇빛도 안보고 포트폴리오를 준비한 끝에

XX게임회사 MMO RPG 팀에서
면접의 기회가 찾아왔다

자기 소개서를 보니 대학생 때
학생회, 응원단, 밴드, 교내 연구실
졸업준비 위원회… 등의 활동을 했네요?
넵!
그렇습니다

술 잘드시겠네요-
그게
그렇게 되나…?

어쨌든,
합격!
…

출퇴근 거리는 매우 멀었지만

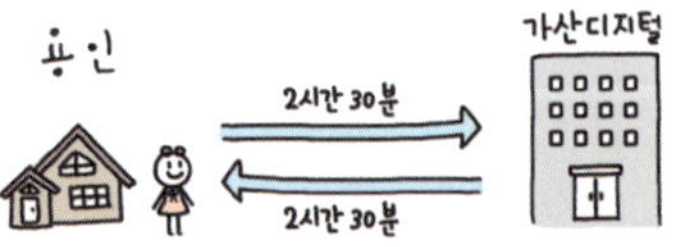

취업난이 심한 시기였기 때문에

다닐 직장이 있다는것 만으로도

감사할 따름이었다

그리고 마침내
내 인생의 첫 회사에
첫 출근을 하는 날이 왔다…!

안녕하세요!
두근
두근
두근
두근

마시멜 이라고 합니다
잘 부탁드립니다
짝짝
짝
짝짝

이제 나도―

그런데…

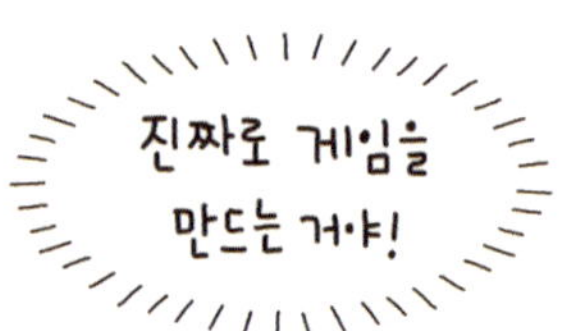

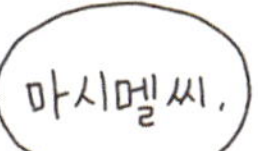

마시멜씨,

커피 한 잔
하러 가죠?
네‥넵!

첫 출근
소감은 어때요?

긴장을 많이해서
그런지…

첫 출근 날 부터
사회생활의 쓴 맛을 알게 된
마시멜 이었다…

마시멜 씨,
필요한 용품이 있으면
총무팀에 적어서 제출하세요
앗, 네~

Post-it
그러고 보니
포스트잇이
필요했지!

신청인 : 마시멜
물품명 : 포스트잇

그리고 다음날…

회사가… 자금사정이 안 좋은가?

사실,
마시멜씨가
입사하기 직전까지
월급이 밀렸었죠
그랬어요?!
다행히
지금은
안밀리지만...

월급이 몇 개월 연속으로
밀렸지만 아무도 퇴사를
관두지 않았죠.

모두가 ... 이 프로젝트를
포기하고 싶지 않았던 거예요
ㅗㅗ ...

재미있는
게임을
거북목으로
버그잡긔~

만들고
말겠다는
밤샜더니
피곤하네…

뜨거운 열정
하나 만으로
ㄹㄹㄹㄹ

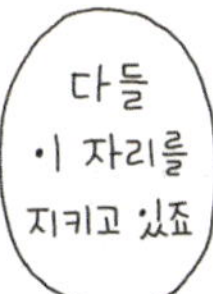

다들
이 자리를
지키고 있죠

저도 마찬가지 …
!!

찡 —
그래 … 그렇구나 …

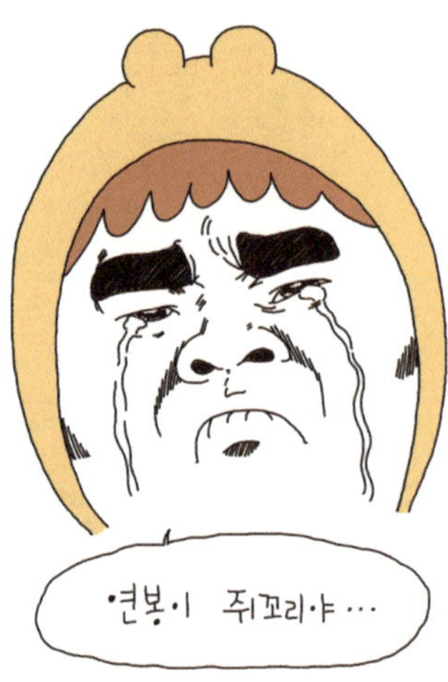

그 열정에는 깊이 감격했으나
혹여 또 월급이 밀릴까
두려운 마시멜이었다…

나는 입사 후 두 달뒤 부터,
철야를 시작 했다

AM 11시 | 회사 간이 침대에서 기상

수면실이 없어서
파티션 뒤에서 대충 잠

회사 화장실에서 씻기

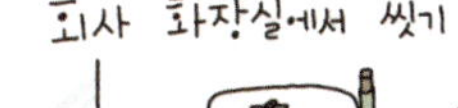

PM 1시 | 지하 식당에서 점심 냠냠

PM 2시 - PM 7시   일하기
개발개발

PM 7시   지하 식당에서 저녁 냠냠

PM 8시 - AM 6시   죽어라 일하기
!@#%&?

… 이러한 생활을
한 달 가량 했던 것 같다

벚꽃이 피는 계절이 왔지만

벚꽃은 커녕, 하늘 한 번
올려다 보기도 힘들 정도였다

한 시간 플레이 후…

리니지 짝퉁 ?!

게임이 망하리라고 확신한
마시멜 이었다

마침내, 드디어
오픈베타의 날이 왔다

오픈베타 후에는,

이런 분위기 일줄 알았다 …

그러나, 현실은 …

그 때 나는 알았다

개발자가 재미없어 하는 게임은

유저도 재미 없어 한다는 것을.
(당연한 건가?)

그리고, 오픈 몇일 뒤…

다들 아시겠지만,
상황이 좀 안좋습니다

그런 이유로,

다음주 부터 다시
철야를 시작해야겠습니다

싫어!!

이렇게 다시 철야가 예고 되어,
나는 몹시 심각해 졌다

철야를 하느니
다른 회사로 옮기는게…
하지만 1년도 못채웠고…
내가 관두면 다른분들에게
피해가 갈지도 모르는데…

모르겠다...

장대리님~
김대리님 대신
기획서 받으러
왔는데요,
꺼져

꺼... ㅈ......

그 날 부터 나는
이직을 하기로 결심했다

그러나 회사에는,

퇴사 사유에 대해 솔직하게 말하지 못했다

막상 관두려니

고생도 추억이 되었고…

6개월 동안 함께 동고동락 한 사람들과

헤어질 생각에 조금 슬펐지만

장대리님 덕분에

쿨하게 나올 수 있었다

첫 게임 회사와의 인연은
이렇게 끝이 났다.

맹렬한 기억으로 남았으나
그로써 진정한 사회인으로 거듭난
마시멜 이었다… fin

04

게임회사는
어떤 곳일까?

01 : 게임회사는 어떻게 구성되어 있을까?

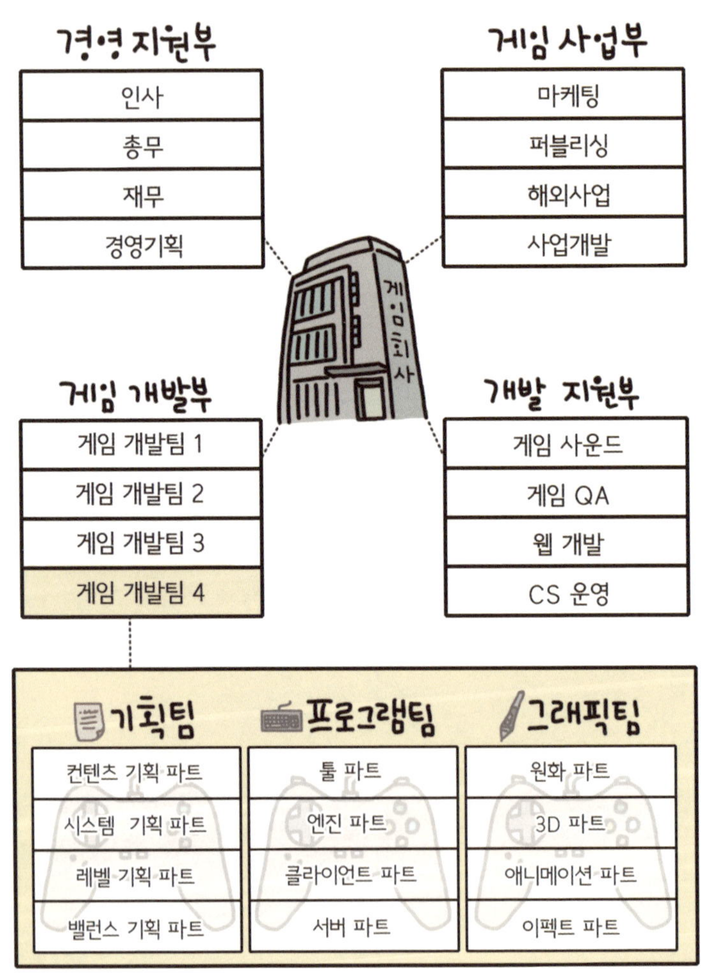

02 온라인게임이 만들어지는 과정

❶ 초기 기획 단계

게임 개발의 첫 걸음은 초기 기획(컨셉 기획) 단계입니다. 이 단계에서는 게임의 기본 요소를 컨셉 수준으로만 기획합니다. 2D게임을 만들지 3D게임을 만들지, MMORPG(Massive Multiplayer Online Role Playing Game)를 만들지 FPS(First-person shooter)를 만들지 등의 것들이라 할 수 있죠. 이 때 게임의 타겟층, 시장성, 게임성, 차별성, 등을 분석하기 위해 많은 데이터를 모으기도 합니다.

초기 기획에서 구성된 문서를 바탕으로 간단한 샘플 게임을 만들어 보는 단계
입니다. 러프한 게임을 제작하고 이것을 플레이 해 보면서 게임성을 검증해 보
는 것이죠. 이를 통해 개발할 게임의 기획을 그대로 진행할 것인지, 수정할 것
인지, 중단할 것인지 검토하게 됩니다.

프로토 타입을 통해 얻은 결과를 토대로 게임의 디테일한 기획을 잡는 단계입
니다. 세계관부터 UI, 퀘스트, NPC 등 – 게임에 필요한 모든 것을 설정하는
것이라 할 수 있어요. 이 때 프로그래머는 게임을 위한 뼈대를 개발하는 작업
을 시작하고, 그래픽 디자이너는 컨셉에 맞는 원화를 생산해 내기도 합니다.

세부 기획이 기반을 잡게 되면 본격적으로 게임을 구성하는 각종 데이터들의 제작이 시작됩니다. 컨셉에 맞는 그래픽 소스가 제작되고 이 소스를 프로그래머가 게임에 생성해주는 것이지요.
예를 들어… 기획서에 걸맞는 전사 캐릭터의 원화가 나오고 이것을 모델러가 3D소스로 제작하면 이것에 애니메이터가 움직임을 넣고 이펙트 디자이너가 이펙트를 덧붙여 완성합니다. 그리고 이 데이터들을 프로그래머가 게임상에 구현해주는 것이지요. 이 과정에서 기획 의도를 벗어나지 않도록 기획자의 관리가 필요합니다.

여러 데이터 제작과 프로그래밍 개발이 마무리 되면 버그 체크와 게임성 검증을 위한 사내 테스트를 하게 됩니다. 테스트를 통해 제시된 의견을 토대로 게임을 수정 및 보완하고 버그를 찾아내고 이를 없애서 완성도 있는 게임을 제작하는 것이 목적이죠. 이 단계에서 밸런스 조절이 주로 많이 이루어지기도 합니다.

사내 테스트를 통해 보완된 게임을, 일반인을 대상으로 '비공개 시범 테스트'를 하는 단계입니다.

몇 백, 몇 천명을 게임 회사에서 선착순 혹은 추첨 등으로 제한된 인원에게만 테스트의 기회를 주게 됩니다.그 이유는 많은 인원의 접속량을 게임이 감당 할 수 있는지를 확인해야 하기 때문이에요. 이 때 예상치 못한 버그들이 속속 발견되는 경우가 허다하죠. 그리고 플레이어의 의견을 수렴하여 좀 더 업그레이드 된 게임 제작을 할 수 있게 하기도 합니다. 따라서 베타 테스트를 충실하게 거치면 게임의 완성도가 높아질 수 있습니다.

OBT는 게임의 정식 오픈, 즉 '공개 시범 테스트'를 의미합니다. 한정된 인원이 아닌, 어느 누구든지 게임을 자유롭게 즐길 수 있는 단계이지요. 이때에도 버그가 발견되거나 문제가 생기면 수정 및 보완작업이 진행됩니다.

게임 오픈 후, 유료화가 적용되는 시점을 상용화 단계라고 합니다. 상용화된 게임은 두 가지로 구분 할 수 있는데요. 그것은 바로 정액 요금제 방식과 부분

235

유료화 방식입니다. 정액 요금제는 '1개월에 1만원' 형식의 일정 금액으로 일정 기간 동안 게임을 할 수 있게 합니다(와우, 리니지1 등). 그리고 부분유료화는 게임은 무료로 얼마든지 즐길 수 있지만 게임 내의 특정 아이템을 유료로 판매하는 방식입니다(던파, 피파온라인3 등).

이러한 과정을 거쳐 게임이 만들어진다고 보면 됩니다. 그리고 MMORPG를 기준으로 게임을 상용화 하는 단계까지 걸리는 시간은 보통 3~5년입니다. 그러나 개발 도중 프로젝트가 엎어지는 경우가 많아서 CBT까지 도달하는 게임은 전체에서 30%에도 못미친다고 하네요.

03 : 게임회사 직종 소개

❶ 게임 기획자 소개

하나의 게임을 개발함에 있어 건축가와 같은 역할로 게임의 모든 요소(게임성, 레벨, 밸런스, 각종 편의 기능 및 수익모델 등)를 설계하고 각 파트별 작업자에게 기획 내용을 이해시키고 원활한 개발이 이루어질 수 있도록 지원하는 업무라고 할 수 있어요. 간단하게 예를 들자면,

'라그처럼 구역맵으로 할 것인가? 리니지처럼 통맵으로 할 것인가?'
'캐릭터의 직업은 몇 가지로, 어떤 직업을 넣을 것인가?'
'NPC는 어디에 배치하며, 그들의 역할과 대사는?'

이처럼, 큰 틀부터 작은 설계까지 모든 것을 기획하여 플레이어의 흥미를 지속시키고 게임을 몰입감 있게 즐길 수 있도록 하는 것이지요. 그리고 업무 특성상 다른 부서와의 교류가 잦기 때문에 커뮤니케이션 능력이 특히 중요합니다.

- **컨텐츠 기획자** : 게임 내 월드 시스템과 컨텐츠, 퀘스트 등을 기획
- **시스템 기획자** : 게임 플레이 시스템(룰)을 기획하여 구조적인 설계를 담당
- **레벨 기획자** : 게임의 맵과 오브젝트 등의 난이도를 조절하는 업무
- **밸런스 기획자** : 캐릭터 간의 밸런스, 아이템, 몬스터 밸런스 등을 설정
- **UI 기획자** : 게임 인터페이스의 구조를 기획
- **유료화 기획자** : 게임 내 유료화 아이템 및 이벤트, 유료화 모델 전략 수립
- **시나리오 기획자** : 게임의 세계관을 설정하고 게임에 사용되는 시놉시스를 제작

대략적인 기획자의 종류는 이렇게 나뉘지만, 회사마다 다르게 분류하는 경우도 많습니다!

'게임 개발자'라고하면 보통 게임을 만드는 기획자/그래픽 디자이너/프로그래머를 총칭하기도 하지만 전문적인 의미로는 '프로그래머'만을 뜻하는 말이라 할 수 있어요.

프로그래머가 하는 일은 게임의 구성 요소인 그래픽, 사운드 등의 객체들이 하나의 유기체를 이루어 실행될 수 있도록 게임에 생명력을 불어넣는 것입니다. 이 생명력을 만드는 방법으로 프로그램 언어(C,C++,Java…)를 이용하여 개발하는 것과, 스크립트 언어(루아, 자바스크립트)를 이용하여 개발하는 것이있지요. 그리고 게임 프로그래머는 게임의 형태로 구현해주는 프로그램을 만듦과 동시에 게임을 최적화하여 가볍고 빠르며 오류 없이 돌아가도록 하는 역할도 해야 합니다.

- **툴 프로그래머** : 그래픽 디자이너, 기획자, 혹은 프로그래머가 개발에 사용할 툴을 만듦으로써 생산성을 향상시키는 역할을 합니다. 맵툴, 이펙트툴, 밸런싱툴 등을 개발.

- **엔진 프로그래머** : 엔진은 곧 게임의 심장이며, 화면을 어떻게 보여주고 어떻게 처리할 것인지에 대한 핵심 기능을 개발.

- **클라이언트 프로그래머** : 클라이언트 어원 자체는 서버에 연결된 컴퓨터란 의미이지만 일반적으로 컨텐츠 개발자를 포괄하여 말함. 기획을 기반으로 그래픽 리소스를 이용하여 기획자가 원하는 시스템이나 컨텐츠를 만들어 내는 업무를 담당.
  예를 들면 캐릭터 구현, 몬스터 구현, 새로운 마을과 던전 시스템 구현 등.

- **서버 프로그래머** : 서버 프로그래머는 클라이언트끼리의 통신과 결과를 저장하거나 신뢰할 수 있는 정보 처리를 위해 필요. 어떤 캐릭터가 맵의 끝에 도달했을 때 더 이상 맵을 벗어나지 못하게 하거나 캐릭터들의 공격력 수치값 결정, 타 캐릭터가 거래를 요청하는 행동 등에 대한 결과를 처리해주는 역할.

게임의 비주얼 요소를 제작하는 직종으로 게임에서 시각적으로 보이는 모든 것(캐릭터,배경부터 미니맵,아이콘, 알림창까지…)을 제작합니다. 기획자가 작성한 기획서에 알맞은 그래픽 소스를 생산해 내는 것이 주 역할이라고 할 수 있지요.

그래픽 분야는 게임을 제작하는 모든 직종 중에 수요와 공급이 가장 많은 분야에요. 게임을 개발 할 때 그래픽 디자이너가 가장 많이 필요하기 때문이죠. 그리고 다른 분야보다도 직종이 가장 세분화되어 있기도 합니다.

- **원화가** : 게임의 기본 컨셉 디자인을 제시하여, 게임의 전반적인 분위기를 잡는 역할을 함. 게임 비주얼의 시작점이라고 할 수 있음. 배경 원화/캐릭터 원화로 나뉨.

- **UI 디자이너** : 게임상에 보여지는 구성도, 즉 인터페이스를 제작하는 역할. 게임 내의 GUI의 전체 비주얼 요소를 디자인하고 기타 제반 리소스를 제공하는 업무를 담당.

- **모델러** : 3D툴(MAX, MAYA 등)을 이용하여, 원화가가 그린 디자인 컨셉에 맞추어 3D 형태로 만드는 업무. 캐릭터 모델러/배경 모델러로 나뉨.

- **도트(픽셀) 디자이너** : 원화 디자인 컨셉에 맞추어 픽셀 단위의 도트 그래픽을 제작, 애니메이션화 함.

- **애니메이터** : 제작된 모델링 데이터 컨셉에 적절한 움직임과 생동감을 넣어주는역할.

- **이펙트 디자이너** : 게임 속 이펙트를 제작. 캐릭터의 마법, 공격잔상, 배경효과 등의 각종 비주얼 효과를 담당.

게임 사운드 디자이너는 게임의 배경음악부터 캐릭터의 동작음, 이펙트 효과음, 버튼 클릭음, 몬스터 소리 등등 게임에 사용되는 모든 종류의 음향을 제작하는 업무를 합니다. 캐릭터나 NPC 목소리의 경우, 성우를 통해 녹음작업을 하고 이 사운드를 게임에 적절히 적용할 수 있도록 편집을 하는 방식으로 제작합니다.

게임 품질 관리를 위한 직업입니다. 개발 중인 또는 서비스 중인 게임을 테스트및 검수 업무를 수행하며,이를 위해서 게임 품질 확인에 효율적인 Test Case를 작성하고 관리하기도 하죠.
다시 말해, 게임 내 발생한 각종 오류사항을 점검하여 원인을 파악하고 재발을 방지할 수 있도록 개발팀과 커뮤니케이션을 통해 협업하는 역할을 한다고 할 수 있습니다.

게임의 운영을 맡고 있는 직업입니다. 유저 모니터링 및 피드백을 하여 유저의 의견을 수렴하고 게임 홈페이지도 관리하며 고객상담까지 하기도 하죠. 유저와 가장 가깝게 접촉해야 하는 업무라고 할 수 있겠네요. 그리고 운영을 통한 각종 데이터 통계 공유, 정기적 로그 파일 분석, 게임 버그와 건의사항 접수, 계정관리 등등 – 마케팅 업무와 게임 개발 업무를 지원하고 보조하는 역할을 하기도 합니다.

04 : 마시멜의 직업은 이펙트 디자이너

게임 그래픽 디자이너 중에 그 숫자가 가장 적은 것이 이펙트 디자이너입니다.
게임 이펙트 디자인이란 게임 속 이펙트만 전문적으로 제작하는 것을 뜻하지
요. 예를 들자면 각종 캐릭터 스킬(물, 불, 라이팅 등의 마법, 검기, 동작잔상
등…), 배경효과입니다.
예전에는 애니메이터가 이펙트 제작을 같이 맡는 경우가 많았는데, 게임 이
펙트의 중요성이 커지면서 이를 전문으로 하는 직업이 생겨나게 되었다고 합
니다.

'던전 앤 파이터' 이펙트

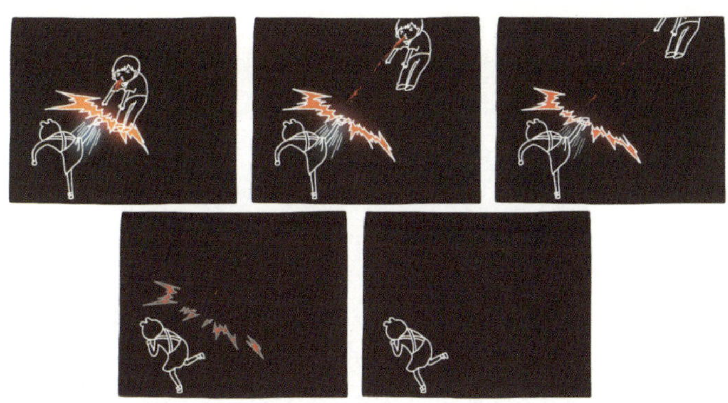

2D 이펙트와 3D 이펙트는 제작방식이 조금 다릅니다.

2D 이펙트를 제작할 땐 한 프레임 한 프레임을 포토샵으로 직접 그려주는 경우가 많습니다. 그리고 파티클일루전이나 애프터이펙트 등에서 추출한 소스를 덧붙이기도 하지요.

3D 이펙트의 경우 기본 리소스를 제작하여 이를 3D MAX 등의 툴이나 게임 엔진에 적용하는 방식으로 제작합니다. 기본 리소스를 제작할 때엔 포토샵, 파티클일루전, 애프터이펙트, 컴버스천, 리얼플로우 등의 다양한 툴과 3D MAX의 플러그인(AfterBurn, FumeFX, Glu3D 등등)을 이용합니다.

243

게임회사에 들어가고 싶다면

05

01 직업 선택의 기로에 서 있는 사람들에게…

게임회사에 무작정 들어가고 싶다고 생각하는 지망생들에게서 많이 받는 질문은 '어떤 직종이 비전 있나요?' '어떤 직종이 대우가 좋나요?' '어떤 직종을 가장 많이 뽑나요?' 같은 것들 이었습니다. 물론 특정 직종이 전망이 밝거나, 연봉이 높거나, 수요가 많을 수는 있어요.

하지만 그 직종이 본인의 적성과 맞지 않는다면 어떨까요?
아무리 재미있어 보이는 게임회사더라도, 회사는 회사입니다. 회사라는 곳에서 나에게 맞지 않는 일을 한다는건 쉽지 않은 일이란 것을 알려주고 싶어요. 그러므로 비전 있고 대우가 좋다한들, 적성에 맞지 않으면 의미가 없다는 것도요.

즉, 어떠한 직종을 선택함에 있어서 비전과 연봉을 따질 게 아니라 하루에 8시간씩 앉아서 하더라도 즐겁게 할 수 있는, 자신에게 맞는 일을 찾아야 하지요. 적성에 맞는 일을 하게 되면 능률이 오르고 그만큼 회사에서 인정받게 되고 이것은 곧 높은 연봉으로 연결될 것입니다.

요컨대, 가장 비전 있고 대우가 좋은 직종은 자신의 적성에 맞는 일임을 잊지 마세요!

02 : 게임 개발 관련 교육기관은 어떤 곳이 있나?

■ 게임 관련 학과가 있는 2, 3년제 대학

계원예술대학, 대경대학, 대구미래대학, 동부산대학, 동서울대학, 두원공과대학, 부산경상대학, 서해대학, 숭의여자대학, 여주대학, 용인송담대학, 장안대학, 전남과학대학, 제주관광대학, 충북보건과학대학, 청강문화산업대학, 한국복지대학, 혜천대학, 한국영상대학 등

■ 게임 관련 학과가 있는 4년제 대학교

계명대학교, 공주대학교, 대구한의대학교, 동명대학교, 동서대학교, 동의대학교, 배재대학교, 부산카톨릭대학교, 상명대학교, 세종대학교, 영산대학교, 예원예술대학교, 우석대학교, 우송대학교, 전주대학교, 중부대학교, 한국산업기술대학교, 한림대학교, 호남대학교, 호서대학교, 호원대학교, 홍익대학교 등

■ 게임 교육원

서강대 게임교육원, 국민대 게임교육원, 연세대 게임교육원, NHN NEXT 등

■ 게임 학원

게임스쿨, 쥬신게임아카데미, 서울게임아카데미, 지지스쿨, 시드스쿨, 드림팩토리, CGNI, 하우게임스쿨, 마루스쿨, KGCA, 부산게임아카데미, 비트교육센터, 비트스쿨 등

03 : 마시멜의 전공은 게임공학과!

제가 다녔던 '게임공학과'의 경우 '게임 프로그래머' 위주의 커리큘럼으로 약 70%가 프로그래밍 관련 수업이었고 30%가 기획, 그래픽, 사운드에 대한 수업이었어요. 때문에 게임 프로그래머가 되고 싶은 사람에겐 좋았겠지만 기획자나 그래픽 디자이너가 되고 싶은 사람에겐 많은 것을 배우기는 역부족이었던 학과 과정이 아니었나 생각합니다.

하지만 게임 관련 학과이니 만큼, 게임에 관련된 폭넓은 지식을 배운다는 부분에 있어서는 좋다고 볼 수도 있어요. 실습 및 졸업작품으로 여러 차례 게임을 만들어 볼 수도 있고 게임 업계 실무진으로 구성된 교수님들로부터 여러 도움을 받을 수 있기 때문이죠.

04 : 게임회사 이력서/자기소개서 노하우

게임회사 취업을 앞두고 처음으로 이력서와 자소서를 쓰는 사람이라면 누구나 참으로 막막하기 마련이죠. 물론 저도 그랬었는데요. 알고보니 이력서와 자소서에도 요령이 있더라고요. 말그대로 자기를 소개하기만 하는 게 자소서가 아니란 말씀! 즉, 회사라는 곳은 '이익집단'이기 때문에 영리추구가 목적임을 이해하고 이력서와 자기소개서를 작성하는 것이 포인트예요. 자자, 그럼 자세하게 알아볼게요!

❶ 지원할 회사의 모집요강 체크

모집요강에 답이 있어요. 이 회사에서 어떠한 인재를 원하며, 어떤 스킬을 요구하는지를 인지하고 구직자는 그 요구사항에 대비해 놓아야 합니다. 모집요강은 각 게임회사의 홈페이지의 채용코너나 게임잡 사이트 등을 통해 알 수 있습니다.

❷ 지원할 회사의 정보 모으기

내가 목표하는 회사에 대해 얼마나 '덕질'을 했는지도 중요해요. 지원자의 관심과 열정을 어필하려면 회사의 정보 수집은 필수입니다. 회사의 홈페이지 혹은 뉴스 검색을 통해 규모는 어느 정도인지, 얼마의 수익을 내고 있는지, 어떤 게임을 출시하였는지, 앞으로의 동향은 어떠한지 등등… 회사에 대한 정보를 마구마구 모아보세요.

목표하는 회사 내 개발팀의 게임이 출시된 상황이라면, 게임을 플레이해 보아야 하는 것은 인지상정이겠지요?

목표 회사가 원하는 스킬을 핵심적으로 어필하는 이력서를 작성하는 것이 중요합니다.

특히 자기소개서의 경우 "나는 어려서부터 게임을 좋아했고… 그래서 게임 개발의 꿈을 키우게 되었다…(중략)" 보다는 자신의 경험으로 인하여 어떠한 효과가 있었는지, 혹은 목표 회사가 필요한 인재가 되기 위하여 노력한 실제 예를 작성하는 것이 좋아요.

즉, ②와 ③에서 수행했던 목표회사에 대한 덕질 후, 이를 바탕으로 이 회사에 걸맞는 인재라는 것을 보여주면 되는 것이죠!

몇몇 회사의 경우 이력서 폼이 정해진 경우도 있지만, 대부분의 경우는 게임잡이나 메일로 지원서를 넣게 됩니다. 메일로 이력서를 보낼 때에는, 웬만하면 워드파일(doc)로 보내는 것을 추천합니다. 게임회사에서는 한글(hwp)을 안쓰는 곳이 많거든요.

이력서에 들어가는 사진으로 그럴듯한 휴대폰 셀카사진을 넣는다거나, 과한 포토샵 효과는 좋지 않아요. 그리고 자기소개서는 보기 편하도록 문단을 잘 나누어 주는 것이 좋고 특히 맞춤법이 틀리지 않도록 조심해야 합니다.

05 : 신입 시절 썼었던 마시멜의 이력서 일부

입 사 지 원 서

이 름	마 시 멜	성 별	女
생년월일	86 . 11 . 29	휴대폰	010-2266-XXXX
주 소	경기도 성남시 분당구 XXX - XXX		
E-mail	mashmell_@naver.com		
홈페이지	www.mashmell.com		

마시멜의 보유기술

- 3D MAX : 3D 이펙트 제작 가능 (모델링, 맵핑, 리깅, 애니메이션 key작업 가능)
- Photoshop : 이펙트 리소스 제작 가능
- Particle Illusion : 이펙트 효과 및 소스 제작 가능
- After Effects : 각종 플러그인을 이용한 소스 합성 및 이펙트 제작 가능
- Combustion : 각종 플러그인을 이용한 소스 합성 및 이펙트 제작 가능
- 프로그래밍 이해도 : C, C++, API 가능
- 게임공학과 재학기간 중 게임 제작 참여 경험 :
    ① 2005년도 교내 동아리 활동 – 액션 게임 '황금 절구를 찾아서' 2D 캐릭터 제작
    ② 2007년도 교내 동아리 활동 – 레이싱 게임 '달려라 버기' 2D 이미지, UI 제작
    ③ 2008년도 졸업작품 – 어드벤쳐 게임 '롤러보이' 3D 캐릭터, 애니메이션, 이펙트 제작

"新나는 이펙트 디자이너, 마시멜입니다."

게임 부하를 방지하고 보다 새로운 감각의 이펙트를 만드는 디자이너가 되기 위하여 70여 개 국내 게임 이펙트와 50여 개의 국외 게임 이펙트를 분석해 보았습니다. 그 결과 '게임 이펙트'라는 것은 시각적인 정보이므로 게임 상황 분석을 가능케 해주어야 하기 때문에 유용해야 하며 단순하더라도 신선한 느낌이 나도록 제작하는 것이 가장 좋은 이펙트라는 결론을 내리게 되었습니다. 이것은 곧 화려하다고 해서, 혹은 크고 자극적라고 해서 좋은 이펙트는 아니라는 것입니다.

이펙트 디자인이라는 것은 한없이 추상적이나, 그 만큼 한없이 자유롭기도 합니다. 때문에 이펙트 제작에는 끝없이 새로운 시도가 필요합니다. 이에 따라 게임 이펙트계의 신(新)나는 디자이너가 되려하는 저는 유용하면서 신선한 이펙트 제작을 통하여 회사의 이윤을 창출해 내기 위한 준비된 인재임을 알려드리는 바입니다.

mashmell

06 : 게임회사 포트폴리오 노하우

게임업계는 이력서와 자소서도 중요하지만 특히 포트폴리오가 당락을 좌우한다고 해도 과언이 아니에요. 내 실력의 증거물이기 때문이죠.

포트폴리오 또한 이력서/자기소개서의 맥락과 같이, 모집요강을 잘 인지하고 그에 따라 제작하면 됩니다. 목표하는 게임 개발팀이 있다면 그 팀이 추구하는 게임의 방향성에 맞게 포트폴리오를 제작해야 하겠죠. 특히, '실무에 바로 투입을 해도 되겠다!' 싶은 정도의 퀄리티라면 아주 탁월하다고 볼 수 있어요. 그리고 지인 중에 실무자가 있다면 포트폴리오를 검토받아 보는 것이 많은 도움이 됩니다. 만약 목표 회사에 지원하고 나서 2주 안에 아무런 연락이 없다면 포트폴리오를 재정비하는 것이 좋습니다.

참고로, 지원자 중에 포트폴리오를 도용하는 경우가 종종 있는데요. 업계가 생각보다 좁기 때문에 들통나기 쉬울 뿐더러 설사 채용이 되었다 하더라도 수습 기간 중에 실력이 탄로나 수습 탈락이 될게 뻔하므로 도용은 안하는 것이 좋습니다.

07 게임회사 면접 노하우

① 단정한 옷차림 준비하기

'게임회사는 면접 볼 때, 평상복을 입고가도 된다'는 게 거짓은 아니지만 개인적으로는 세미정장식의 단정하고 스마트해보이는 복장을 추천하고 싶네요. 아무리 게임회사가 분위기가 자유롭다 하더라도 면접자로서의 예의는 갖추는 것이 좋겠죠?

② 면접 볼 회사에 대해 공부하기

앞서 말했던 회사에 대한 '덕질'은 면접을 볼 때에도 당연히 필요합니다. 목표 회사에서 어떠한 게임을 만들었으며 이에 대한 매출과 동향 등을 아는 것은 기본이라고 생각합니다. 최대한 많은 정보를 수집하고 공부하여 면접에 대비하면 좋아요.

포트폴리오로 제출한 것 외에 다른 작업물이 있다면 면접 때 챙겨가는 것이 좋습니다. 2~30분 정도의 면접시간 안에 자신의 모든 능력을 어필하기란 쉽지 않으니까요. 그러므로 무언가 하나라도 더 보여준다면 빈 손으로 면접에 온 지원자보다 한 층 더 유리하지 않을까요? 물론 필수 사항은 아니지만 충분히 플러스 요인으로 작용할 수는 있습니다.

저는 긴장을 잘 하는 편이라 면접 때 버벅거릴 것을 대비하여 예상 질문에 대한 답변을 미리 준비해 갔었는데, 예상 질문이 나올 경우 침착하게 대답할 수 있어서 유용했어요. 면접시 자주 나오는 질문은 대략 이러했습니다.

- 우리 회사에 왜 지원하게 되었는가? 우리 회사를 어떻게 알게 되었는가?
- 여가 시간엔 무엇을 하는가?
- 왜 이펙트 디자인(기획,프로그래밍…)을 하게 되었는가?
- 좋은 이펙트란 어떤 것이라고 생각하나?
- 자기소개를 해보시오.
- 우리 회사 게임은 해 보았는가? 평소에 어떤 게임을 즐겨하는가?
- (경력자의 경우)전에 다니던 회사의 퇴사 사유는?
- 자신의 장단점은 무엇인가?
- 업무 중 의견 충돌이 일어났을 때 어떻게 할 것인가?
- 자기소개서와 관련된 질문들.

제가 만났던 모든 면접관들은 면접의 막바지쯤에 "궁금한거 있으세요?"라고 물었더랬죠. 저는 이 순간을, 내가 이 회사에 얼마나 열정이 있는지 보여주는 마지막 어필로 이용했습니다. 질문의 개수는 너무 많지 않게 2~3개 정도로, '난 이 회사에 관심이 많아서 궁금한 것도 많다'라는 느낌의 질문을 준비하면 좋아요.

⑥ 나도 회사를 면접보기

사실 면접이라는 것은 단방향이 아니라 쌍방향 관계라고도 할 수 있어요. 면접관이 면접자를 평가해야 함과 동시에 면접자도 면접관을 통해 지원한 회사를 평가해야 하는 것이죠. 만약 합격을 하게 된다면 그 회사는 앞으로 내가 다녀야 할 회사가 되기 때문에 이것은 자신의 미래를 결정하는 것과도 같으니까요.

⑦ 그 밖에 주의사항

면접 때 지각은 절대 안하는 것이 좋습니다. 만약 피치 못할 사정이 있다면 미리 회사측에 연락을 해두는 것이 좋고요. 가장 이상적인 건, 면접 시간에 맞게 아슬아슬하게 도착하는 것보다 면접 시간보다 1~20분 일찍 도착해서 기다리는 것이지요.

그리고 면접 시 '인성' 뿐만 아니라 '진실성'을 보기도 하기 때문에 거짓말은 절대 금물!

mashmell.c

08 취업 했다고 끝이 아니다!

❶ 인사의 중요성

예의의 첫걸음은 인사입니다. 인사를 잘하는 신입사원은 회사 동료들에게 좋은 인상을 심어 줄 수 있겠지요!

❷ 질문의 중요성

경력 몇 년 차인 개발자가 회사를 옮기더라도 새 회사와 새 게임에 관해서는 모르는 것 투성일 수 밖에 없습니다. 더더구나 신입사원에게 첫 회사란 신세계와 같지요. 그러므로 윗사람을 귀찮게 하더라도 열심히 질문하여 모르는 것 없이 넘어가는 것이 가장 좋아요.

❸ 일정의 중요성

일을 받고 그에 대한 일정이 정해지게 되면 최대한 그 일정을 맞추는 것이 중요해요. 일정을 맞추지 못할 경우 자칫 일을 게을리했다는 이미지를 줄 수 있고, 평가에도 안 좋은 영향을 미치기 때문이죠.

❹ 계발의 중요성

회사생활이 어느 정도 적응되면, 자기계발에도 시간을 투자해야 함을 잊지 말아야 합니다. 직업에 관련된 공부뿐만 아니라 취미, 운동, 건강관리 등도 함께 병행하는 것이 회사생활뿐만 아니라 자신에게도 도움이 되니까요.

생각보다 게임업계는 상당히 좁습니다. 한 다리만 건너면 다 아는 사이라고 할 정도라지요. 특히 이직을 할 때 아는 사람을 통해 회사를 들어가는 경우도 상당히 많을 뿐 아니라 누군가를 뽑을 때엔 그 사람에 대한 정보를 인맥을 통해 얻는 경우도 많습니다. 그만큼 행실을 잘못(?)하였을 경우의 파장도 크다고 볼 수 있지요. 그러므로 평소에 적절한 인맥을 유지하고 관리하는것도 중요한 것 중에 하나라고 생각해요. (저는 잘 못하지만…ㅠㅠ)

09 이펙트 디자이너 지망생을 위한 마시멜의 조언

게임 이펙트는 불, 물, 폭발, 라이팅, 마법 기운 등… 형태가 분명하지 않은 특수 효과를 만들어내는 직업입니다. 3D 모델러 같은 경우 컨셉 원화가 나오기 때문에 이를 보고 제작하지만, 이펙트 디자인은 컨셉 원화가 나오지 않는 경우가 대부분입니다. 기획서의 '몇 줄' 설명을 보고 오로지 디자이너의 역량으로만 제작해야 하죠. 그만큼 본인만의 내공이 절실한, 어려운 분야라고도 할 수 있습니다. 그러나 그만큼 희소성이 있는 직업이기에, 모집공고는 많지만 지원자는 많지 않은 실정이라고 할 수 있죠. 그러므로 평소 이펙트에 관심과 열정이 있다면 꼭 추천하고 싶은 직업이기도 합니다.

그리하여 이펙트 디자이너를 하고 싶은 분을 위해 조언을 한다면, 다양한 게임의 이펙트를 접하거나 이펙트가 많이 나오는 애니메이션과 영화를 아주 많~이 보라고 말하겠습니다. 그리고 그것의 연출, 타이밍, 색감 등을 연구하여 많은 모작을 해보라고 권하고 싶습니다. 이펙트에 대한 감각을 익히는 데에 큰 도움이 되거든요. 또, 여러 이펙트 툴(파티클일루전, 애프터이펙트 등)을 통해 다양한 소스를 제작해 보는것도 중요하고요. 그리고 이펙트 디자인은 2D와 3D로 나뉘게 되는데 2D 이펙트 디자인의 경우는 포토샵을 통해 한 프레임 한

프레임을 직접 그리는 연습을 해보아야 하고, 3D 이펙트 디자인의 경우는 다양한 게임엔진(언리얼, 유니티 등)을 이용하여 이펙트를 제작해 보아야 하는 것을 잊지 말아야 합니다.

그리고 이펙트 디자이너는 비관련 전공자라 하더라도 포트폴리오만 훌륭하다면 얼마든지 취업이 가능합니다. 포트폴리오는 이펙트에 대한 이해와 연출 감각을 잘 보여주는 기본적인 이펙트부터, 화려한 이펙트까지 단계별로 구성하되 갯수가 너무 많지 않은 것이 좋습니다.

10   N사 재직 중인 8년차 클라이언트 프로그래머 김개발의 프로그래머 지망생을 위한 조언

N사에서 8년차 프로그래머로 일하면서 깨달은 몇 가지 노하우를, 버그를 고치는 바쁜 와중에 게임 프로그래머 지망생을 위해 공유해 봅니다.

① 클라이언트 프로그래머 포트폴리오는 어떻게 구성하면 좋은가

면접관 입장에서는 포트폴리오의 신뢰도가 매우 중요합니다. 따라서 여러 명이 함께 작업한 프로젝트를 포트폴리오로 구성한 경우 자신의 작업이 무엇이 있었는지 명확히 표기해야 합니다. 지원자의 작업 영역이 두리뭉실한 경우 작업에 얼마만큼 참여했는지 알 수 없기 때문에 진위를 의심하게 되거든요. 그런 의미에서 혼자 작업한 작품이 하나 정도 있는 것이 좋습니다. 그리고 규모가 작더라도 완성도가 있고 깔끔하며 NULL 체크를 잘한 안정적인 코드, 즉 기초가 탄탄한 작업물이 좋습니다. 아무리 큰 프로젝트를 만든다 하더라도 완성도가 떨어지는 것보다, 작은 게임이더라도 효율적이고 완성도가 높다면 큰 점수를 받을 수 있기 때문이죠.

게임 프로그래머 면접시 대부분의 회사들이 실기 테스트를 함께 시행합니다. NHN, Nexon, NC soft 등의 시험을 봤던 경험자들이나 재직자들의 이야기를 종합해보면, 프로그래밍에 대한 기초 분야가 많이 나온다는 것을 알 수 있습니다. 회사에 따라 그 난이도가 다르긴 하나 공통적으로 나오는 것들을 예로 들어보겠습니다.

예제를 보여주며 어떤 함수의 기능을 묻는 문제, vector와 list의 차이를 묻는 알고리즘 개념 문제, 코드에서 버그라고 생각되는 점을 찾는 디버깅 문제, 문제 해결을 위한 코드를 작성하는 필기 코딩 문제, 매트릭스, 삼각함수 등의 기초 수학 문제, Quadtree/Octree의 장점을 묻는 3D 개념 문제 등등… 기초를 얼마나 탄탄히 알고 알고 있는지에 대한 문제가 대부분이라는 것을 알 수 있죠?

참고로 회사에 따라서는 테스트 지문이 영어로 출제되어, 업무에 필요한 기본적인 영어 실력을 함께 보기도 합니다.

❸ 좋은 신입 프로그래머란?

신입 프로그래머는 기초가 탄탄하여 리드 프로그래머가 알려주는 바를 어렵지 않게 이해할 수 있어야 합니다. 그리고 모르는 부분이나 막히는 부분이 생긴다면 망설임 없이 즉각즉각 조언을 구하는 것이 좋습니다. 모든 일은 혼자서 끙끙 앓는다고 하여 해결되지는 않으니까요.

그리고 코딩 컨벤션을 파악하여 코딩 스타일을 맞출 줄 알아야 하며, 틈틈히 전체적인 구조나 핵심 시스템 작동방식 등을 분석, 파악하고 다른 사람들은 어떤 식으로 프로그래밍 하는지 보고 연구하는 것이 좋습니다. 마지막으로 자기 코드로 인해 다른 사람에게 피해가 가지 않도록 책임을 다 해야 하는 것이 프로그래머의 훌륭한 자세라고 할 수 있지요.

11 : EA피파온라인3 기획자 권양의 게임기획자 지망생을 위한 조언

마시멜의 친구이자 EA 피파온라인3 기획자 권양입니다.

제가 처음 취업을 준비하던 시절, 저는 내세울 게 아무 것도 없었습니다. 대회 수상은 커녕, 참가도 해본 적 없고, 학점도 나빴고, 게임을 뛰어나게 잘한다거나, 특출난 창의력을 가진 것도 아니었고, 오피스를 특별하게 잘 다룬다거나 하지도 않았죠. 그 때 학교에서 강의해주셨던 교수님 중의 한 분이 취업에 대해서 참 많이 일러주셨었는데(전 그 분이 없었으면… 지금쯤 치킨집에서 알바하고 있었겠죠 흐흐), 그 때 들었던 이야기들을 해드릴까 해요.

❶ 가고 싶은 회사를 고르기

어떤 곳에 가고 싶은지 명확하지 않은 상태에서, 이력서를 써봐야 허공에 뜬 말이 됩니다. 최대한 목표를 구체화시켜야 해야 할 일도 알 수 있어요. 즉, 그 회사에서 어떤 사람을 뽑고 싶어하는지 알아야 하는 게 먼저입니다.

❷ 회사가 내 시간을 사기 위해 돈을 지불할 이유에 납득할 수 있도록 설득하기

적당히 갈 수 있는 곳으로, 이런 나라도 받아주는 곳으로, 취업하지 마세요. 신입의 성의 없는 이력서라도 들어갈 수 있는 회사라면, 사림이 급한 곳이고 그만큼 위험한 회사일 여지도 큽니다. 그리고 아마 많이 들으셨던 얘기겠지만 몇 십장에서~몇 천장까지의 이력서를 보는 일은 굉장히 피곤한 일이라고 할 수 있죠. 그러므로 이력서엔 잘 하는 것, 잘 했던 것 위주로 보기 편하게 적는 게

좋아요. 자기 성장 과정을 적는 게 아닌, 내가 회사에 도움을 줄 수 있다고 설득할 수 있는 근거를 넣어야 합니다.

❸ 게임 기획자 포트폴리오는 거창하게 쓰지 말기

신규 MMORPG 기획서 300장… 이런 것을 포트폴리오로 제출하더라도 막상 실무자들은 읽을 시간이 없는 경우가 많습니다. 신입이시라면 지원하는 게임에서 개선하고 싶은 특정 컨텐츠에 대한 역기획서로 목표를 작게 잡되 좀 더 구체적으로 작성해주시는 편이 좋습니다. 제안이나 개선 사항에 대한 근거로는 유사 장르에 대한 분석 내용이라던가, 해당 게임에 대한 게시판 모니터링 자료도 좋고요.

❹ 게임 기획자 면접 질문 몇 가지

- 게임 기획자의 역할이 무엇이라고 생각하는가?
- 게임 기획자를 직업으로 선택하게 된 계기는?
- 포트폴리오에 대해 소개해 보시오
- 최근에 플레이한 게임 중에 가장 재밌다고 생각한 게임은 무엇이며 그 이유는?
- 우리 회사 게임을 해본 후 기획적으로 아쉬웠던 점이 있다면?
- 현재 게임 시장의 흐름이 PC에서 스마트폰으로 이동하는 추세인데, 앞으로의 전망에 대한 본인의 생각은?
- 향후 5년 후엔 어떤 기획자가 되어 있을 것인가?

06

Q&A, 게임회사에 대한 오해들, 참고 웹사이트

01 : 게임회사에 취업하기 위해서 꼭 게임학과나 게임학원에 가야할까요?

꼭 게임 관련 학과나 학원을 나와야 게임회사에 취업 할 수 있는 것은 아니에요.

실제로 게임회사에 재직 중인 사람 중에는 게임학과 출신도 많지만 아닌 사람도 많아요.

프로그래머의 경우 컴공과나 전자과 출신이 많고, 그래픽 디자이너의 경우는 미대 출신이 많고, 기획자의 경우 제각기 전공이 다채로운 편이지요. 고졸이신 분들도 더러 있고요.

물론 게임관련 학과에 진학하면 좀 더 게임 개발에 관련된 전문지식을 효율적으로 배울 수 있다는 장점은 있습니다. 팀을 짜서 게임을 만드는 기회도 많고요. 하지만 굳이 게임과를 전공하지 않더라도 실력만 갖춰진다면 얼마든지 게임회사에 들어갈 수 있다고 생각합니다.

02 게임회사는 학벌을 보나요?

최근 정보에 따르면, 중소업체의 신입사원들은 상당수가 게임 관련 학과나 학원생들이었고 소위 N사라고 불리우는 대기업들의 신입사원들은 비게임 전공의 명문대 출신이 많았다고 하네요. 그렇다고 해서 물론 게임학과 출신 학생들이 대기업에 못들어 가는 것은 절대 아니고요. 대략적인 평균 수치일 뿐입니다. 실제로 제 주변엔 명문대 출신이 아닌데도 대기업에 다니는 분들도 많아요.

하지만 누구나 대기업에 들어가고 싶을테고, 수십수백 명에 해당하는 입사 지원자들 사이에서 경쟁을 하려면 아무래도 명문대 출신이 유리할 수는 있겠지요. 때문에 학벌을 아예 안본다고 말씀드리기는 힘들 것 같네요. 그러므로 아직 대학 진학을 안한 학생이라면 입시 공부를 열심히 하는게 좋겠고, 이미 대학을 진학했다면, 학벌보다 더 중요한 건 포트폴리오이므로 지망하는 분야에 대해 열심히 실력을 길러서 멋진 포트폴리오를 만드는 것을 추천합니다.

03 : 게임회사의 자유로운 분위기에 대해 알고 싶어요

복장은 타업계 회사들에 비해서 굉장히 자유롭긴 합니다. 게임 개발실의 경우 정장을 입을 필요가 없어서 후드티에 청바지에 운동화… 같이 편안한 차림으로 일할 수 있어요. 하지만 그렇다고 해서 업무를 위한 공간에 막 잠에서 깬듯한 누추한 차림으로 출근한다면 그것은 사회인의 예의가 아니겠지요. 참고로 게임 사업부의 경우는 마케팅 업무 등으로 간혹 정장처럼 단정한 복장을 입어야 하는 때도 있습니다.

또, 업무 일정에 지장만 없다면 연차를 사용하는 것도 비교적 자유로운 편입니다. 그리고 상하관계가 뚜렷한 타업계와는 다르게 게임회사는 관계가 수평적인 느낌이 강하다고 볼 수 있어요. 개개인의 의견 제시가 자유롭고 상대적으로 덜 권위적이거든요. 흔히 TV에서 나오는 강압적인 회식 분위기도 없고, 2차, 3차 등의 술자리도 필수가 아닌 선택이라서 억지로 술을 마셔야 할 필요도 없습니다. 그리고 피치 못할 사정이 있다면 출근 시간을 조정할 수도 있어요. 이 정도면 게임회사는 자유로운 분위기라고 할 수 있겠죠?

04 : 게임회사는 야근이 많다고 하는데… 사실인가요?

많은 사람들이 궁금해하고 염려하는 그것, 게임회사의 야근이죠.

제 주변엔 게임회사를 다녀보지도 않고 '게임회사는 야근 많이한다며?' 라고 지레 겁먹는 사람을 많이 보았어요. 물론 야근을 안한다고 하면 거짓말입니다. 일정이 넉넉할 땐 칼퇴근도 얼마든지 가능하지만 일정이 빡빡한 경우엔 줄야근과 밤샘작업 뿐만 아니라 주말출근을 해야 할 때도 적지 않거든요. 하지만 중요한 사실은 게임회사 뿐만 아니라 여러 다른 업종도 야근/주말출근은 흔한 일이라는 것이에요. 건설/의류/금융/서비스/전자/영화… 등등 야근이 없는 직종은 아직까지 들어본 적 없는 것 같아요. (그래서 서울의 야경이 아름답겠지만 말이죠^^)

요컨대, 어느 업계이든지 야근의 많고 적음을 따지는건 의미가 없다고 봅니다. 야근에 상관 없이 열정을 쏟고 재미를 느낄 수 있는 '나에게 맞는 일'을 찾는 것이 더 핵심이라는 말씀!

05: 마시멜님은 어떻게 게임회사에 들어가셨나요?

저는 게임공학과를 전공했기 때문에 한 때 프로그래머가 되려고 했었어요. 프로그래밍에 대해 흥미도 있었거든요. 그러다 어느 날 과제로 게임을 제작하면서 그래픽과 프로그래밍을 동시에 하게 되었는데, 그림 그리는 게 확실히 더 재미있더라구요. 때문에 그래픽을 해야겠다고 마음먹었죠. 그래서 졸업 후에 학교에서 배운 약간의 포토샵과 3D MAX 기술(간단한 모델링, 맵핑, 애니메이션)을 기반으로 졸업 후 이펙트 디자인 포트폴리오를 준비했었어요. 처음엔 실력이 많이 부족해서 게임회사 이곳저곳에 지원을 해도 단 한 군데의 면접 연락조차 받을 수 없었죠. 3개월 정도 인터넷을 뒤져가며, 책도 사서 보고, 실무에 계신 교수님께 찾아가보기도 하고, 얼굴도 모르는 이펙트 디자이너에게 질문이 가득한 메일을 보내기도 하면서 이펙트 스킬을 쌓았고 결국 취업을 하게 되었더랬습니다.

06 : 막연히 게임 그래픽 디자이너가 되고싶은데⋯ 자격증부터 따야 하는건가요?

게임 그래픽 디자이너의 경우는 자격증 보다 본인의 실력을 보여 줄 수 있는 '작품' 즉, '포트폴리오'가 더 중요해요. 즉 실력부터 기르는 것이 우선입니다. 그러기 위해선 독학을 할 수도 있고, 학원을 다닐 수도 있고, 학교를 다닐 수도 있지요. 독학은 좀 힘든 편이고 주로 학원이나 학교를 다니는 경우가 많은데 어떠한 선택지가 딱 좋다고 집어 말할 수는 없습니다. 개개인에 따라 다르거든요. 하지만 진심으로 게임 그래픽에 관심이 많다면 하루라도 빨리 이에 대한 정보를 찾아보고 나에게 맞는 방식이 무엇인지를 생각해서 디자이너가 되기 위한 발돋움을 시작하는 것이 좋아요. 시간이 곧 실력이 되기도 하니까요.

다시 정리해 보자면, 게임 그래픽 직군(원화, 모델러, 애니메이터, 이펙트 디자이너⋯) 중에 가장 하고 싶은 일을 선택하고 어떻게 공부할지를 결정한 후(학교, 학원 등⋯) 열심히 실력을 길러야(많이 보고, 많이 그리기)한다는 것입니다.

mashmell.com

07 : 게임 회사 내의 비개발부서에서도 게임 개발에 대한 의견 제시가 가능한가요?

게임 개발과 관련이 없는 부서라도 의견 제시는 얼마든지 가능합니다. 게임에 대해 자유롭게 의견제시가 가능하도록 커뮤니케이션을 활발히 시행하는 회사도 많이 있고요. 해당 부서에서도 게임에 관련된 의견이라면 귀울여 듣는 편이기도 합니다. 하지만 그 사항에 관련된 결정권은 해당 부서에 있기 때문에, 설사 의견이 받아들여지지 않더라도 그 결정에 대한 존중은 해주어야 하겠지요.

08 : 게임회사에 들어가고 싶은데 나이가 많습니다. 게임회사는 나이 제한이 있나요?

나이를 따질 수도 있고, 아닐 수도 있습니다. 인재를 채용하는 파트의 파트장이나 팀장이 이를 어떻게 생각하느냐에 따라 다르다고 할 수 있지요. 파트장이나 팀장이, 본인보다 나이가 많다거나 혹은 나이가 너무 많은데 신입인 경우는 이따금 꺼리기도 합니다. 하지만 나이는 무관하게 오로지 실력만 보고 인재를 채용하는 경우가 있기도 하구요.

엄밀히 말해서… '나이가 많다'의 기준은 무엇일까요? 개개인에 따라 그 기준이 다르지 않을까요? 본인이 생각할 땐 많은 나이일 수 있겠지만 어쩌면 새로운 것을 시작하기에 아주 좋은 나이일 수도 있지 않을까요? 나이가 많다고 하여 무조건 게임업계 취업이 불가능한 것은 아니니 본인의 나이에 너무 연연하지 않았으면 좋겠습니다.

09 게임회사에 관한 몇 가지 오해들

★ 갖고 싶은 아이템 마음대로 가질 수 있나요? NO!

만화로도 그린 적 있는, 퍽 자주 듣는 이야기입니다. 개발자라고 해서 아이템을 맘대로 가진다는 것은 절대적으로 불가능합니다. 개발자도 게임을 할 땐 한 명의 플레이어일 뿐이에요.

★ 개발자도 게임 유저의 계정을 관리할 수 있나요? NO!

마음에 안 드는 사람의 계정을 맘대로 삭제할 수 있냐는 질문을 받은 적이 있습니다. 이게 가능하다면 아무도 게임을 신뢰할 수 없지 않을까요?

★ 업무 중에 게임 마음껏 해도 되나요? NO!

물론 불가능 한 것은 아닙니다. 업무가 없고 여유로운 시기라면 게임 개발자로서 게임을 해보는 건 나쁘지 않죠. 하지만 바쁜 시기에 모두들 열심히 일하고 있는데 혼자서 신나게 게임을 할 수는 없겠지요.

★ 내가 만들고 싶은 게임만 만들 수 있나요? NO!

게임 개발자를 희망하는 분들이 하는 가장 큰 착각 중 하나입니다. 내가 만들고 싶은 게임 장르를 취급하는 개발팀에 들어가는 것은 가능하긴 하겠지만 항상 만들고 싶은 게임만 만드는 경우는 드뭅니다. 내가 어떤 게임을 만들고 싶다고 하여 그에 대한 의견 제시를 하더라도 그게 무조건 받아들여지는 것이 아니거든요.

★ 개발자들은 모두 오타쿠 인가요? NO!

게임에 깊은 열정이 있는 '오타쿠(마니아)'적인 사람도 몇몇은 있지만 꼭 그런 사람들로만 이루어져 있지는 않고 다른 업계와 같이 여러 개성의 사람들이 두루두루 모여있다고 할 수 있습니다.

10 게임 업계 정보 공유에 도움이 될 만한 사이트

★ 게임잡

http://www.gamejob.co.kr

게임 업계 전문 구인 사이트. 게임회사에 들어가려면 이곳을 내 집 안방처럼!

★ 꿀위키

http://www.ggulwiki.com

이용자들이 자유롭게 참여하여 내용을 완성하는 IT 업계 전용 오픈사전. 게임 업계에 대한 각종 꿀정보를 만날 수 있음.

http://www.devpia.com

소프트웨어 개발자 커뮤니티. 개발 강좌
및 질의응답 교류.

http://www.gamecodi.com

게임 프로그래밍 커뮤니티. 게임 프로그래
밍 관련 강좌와 팁이 있는 곳.

http://cafe.naver.com/gamedg

현업 게임기획자 모임. 채용소식과 기획자
료에 대한 정보가 있음.

★ 3D 맥스제압하기

http://cafe.naver.com/maxkill

3D MAX 커뮤니티. 게임엔진, 렌더링, 맵
핑소스 등의 정보 공유.

★ CG랜드

http://www.cgland.com

컴퓨터 그래픽 커뮤니티. 개인 작품 및 그
래픽 디자이너의 채용소식을 알 수 있음.

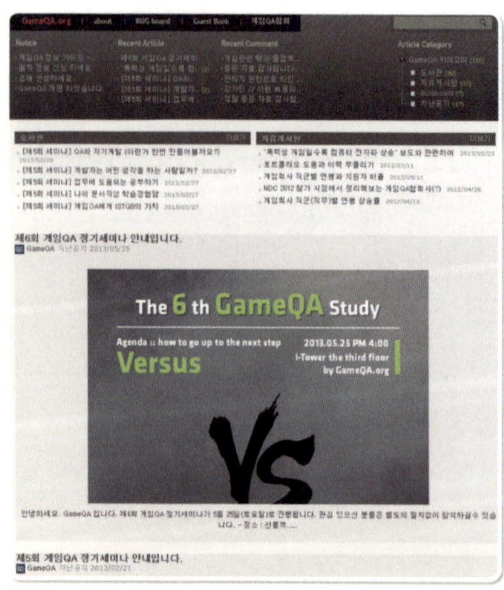

★ 게임 QA

http://gameqa.tistory.com

게임 QA와 관련한 정보를 공유하는 실무
자들의 커뮤니티.

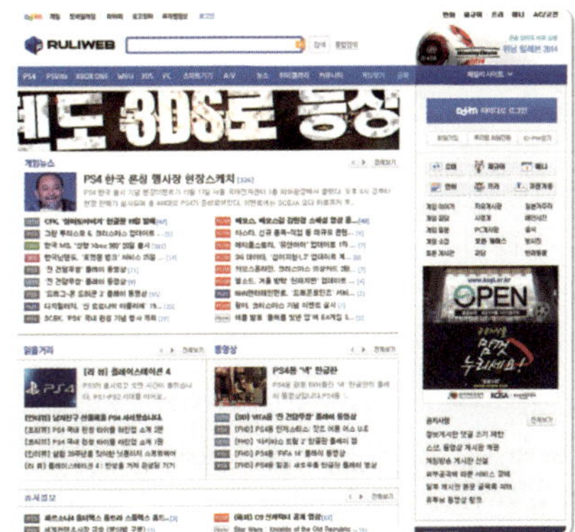

★ 루리웹

http://ruliweb.daum.net

국내 최대의 비디오 게임 관련 웹 커뮤니티. 게임에 대한 최신정보가 많은 곳.

★ 네오플로그

http://blog.naver.com/neoplog

네오플 운영 기업 블로그. 네오플 재직자들의 실무 관련 코멘트와 채용정보를 제공.

에필로그

저는 2010년에 개인 홈페이지 '마시멜닷컴'을 만들면서 '마시멜'이라는 닉네임으로 웹툰을 그리기 시작했어요. 저의 천직인 '게임'에 '일상'을 섞은 이야기를 웹툰으로 풀어내는 것은 저에게 있어 참으로 신나는 여가활동이었죠. 웹툰을 그리면서 마치 그동안 제가 미처 표현할 줄 몰랐던 새로운 소통법을 익힌 것만 같았거든요. 그렇게 몇 해 동안 부지런히 웹툰을 그렸고 어느새 완성된 웹툰들이 퍽 많이 쌓이게 되었어요. 때문에 언젠가는 웹툰들을 엮어 책을 만들면 좋겠다는 생각을 자연스레 하게 되었죠.

그런데 마침 얼마 지나지 않아 디지털북스를 통해 실제로 출판 제의를 받게 된 것입니다. 당시엔 그 사실이 어찌나 황홀하던지! 뭐랄까, 등에 날개라도 꿰맨 듯 훨훨 나는 그런 기분이었달까요! :-)

그렇게 설렘 속에서 출판 과정을 거치고, 마침내 이렇게 '게임회사 여직원'이라는 책이 나오게 되었네요. 진정 저도 놀라울 따름이에요. 사실 저에게 '게임회사 여직원'이라는 웹툰은 그저 단순한 취미일 뿐이었으나 이 만화를 통해 오히려 제가 독자로부터, 게임유저로부터, 같은 게임개발자로부터 많은 응원의 메시지를 받을 수 있었고 이로 하여금 게임을 만드는 사람으로서 필요한 큰 원동력 또한 얻을 수 있었다고 생각해요. 이에 깊이, 또 깊이 감사하는 마음입니다.(꾸벅)

그리고 결과적으로 이 책이 나올 수 있었던 건 '게임회사 여직원'을 애정해주신 분들의 힘이기에, 저를 응원해주신 모든 분들에게 이 책을 바치고 싶습니다.

고맙습니다 ♥

2014. 마시멜 

저자협의
인지생략

1판 1쇄 인쇄 2014년 05월 25일　　**1판 1쇄 발행** 2014년 05월 30일
1판 2쇄 인쇄 2015년 08월 15일　　**1판 2쇄 발행** 2015년 08월 20일

지 은 이　마시멜
발 행 인　이미옥
발 행 처　디지털북스
정　　가　15,000원
등 록 일　1999년 9월 3일
등록번호　220-90-18139
주　　소　(04987) 서울 광진구 능동로 32길 159
전화번호　(02) 447-3157~8
팩스번호　(02) 447-3159

ISBN 978-89-6088-138-9 (13000)
D-14-07